© 2008 University of Klagenfurt, Karl Popper Library

西方现代思想丛书 7

THE MODERN WESTERN THOUGHT SERIES

— 珍藏版 —

历史主义贫困论

[英] 卡尔·波普尔 著
何林 赵平 等译

Karl R.Popper

The Poverty of Historicism

图字:01-2014-7415号

图书在版编目(CIP)数据

历史主义贫困论/(英)波普尔(Popper, K. P.)著;何林等译. —北京:中国社会科学出版社,1998.12(2021.10重印)
(西方现代思想丛书)
书名原文:The Povery of Historicism
ISBN 978-7-5004-2418-5

Ⅰ.①历…　Ⅱ.①波…②何…　Ⅲ.①历史哲学　Ⅳ.①K01

中国版本图书馆 CIP 数据核字(1998)第 34419 号

出 版 人	赵剑英
责任编辑	李庆红
责任校对	张慧玉
责任印制	张雪娇

出　　版	中国社会科学出版社
社　　址	北京鼓楼西大街甲 158 号
邮　　编	100720
网　　址	http://www.csspw.cn
发 行 部	010-84083685
门 市 部	010-84029450
经　　销	新华书店及其他书店
印刷装订	环球东方(北京)印务有限公司
版　　次	1998 年 12 月第 1 版
印　　次	2021 年 10 月第 6 次印刷
开　　本	880×1230　1/32
印　　张	6.25
字　　数	160 千字
定　　价	42.00 元

凡购买中国社会科学出版社图书,如有质量问题请与本社营销中心联系调换
电话:010-84083683
版权所有　侵权必究

《西方现代思想丛书》之一

主　　编　冯隆灏
编委会委员　（按姓氏笔画为序）
　　　　　　冯兴元　　李汉林　　曲克敏
　　　　　　孟艺达　　青　泯　　柯汉民

译者的话

本书作者波普尔（Karl Raimund Popper）1902年生于奥地利首都维也纳，1928年获维也纳大学博士学位。"二战"前夕他去新西兰任教，并以其著作受知于当代西方自由主义大师哈耶克（Hayek），他本人也深受哈耶克的提携和影响。"二战"后他移居英国，任伦敦经济学院逻辑学和科学方法论教授，并加入英国国籍。他曾多次访问许多美国大学，获多种学术荣誉。

他的主要著作有：《科学发现的逻辑》（德文为《研究的逻辑：近代自然科学认识理论》，1934）、《开放的社会及其敌人》（1945，修订版1950）、《历史主义贫困论》（1957）、《论知识与无知的根源》（1960）、《猜测与反驳》（1963）、《云与钟》（1966）、《客观知识：一种演化的研究方法》（1972）、《哲学与物理学：为物理科学的客观性辩护》（1974）、《自我及其头脑：论证内部作用主义》（1977）、《认识论的两大问题》（1979）、《科学发现的逻辑后编》（1982）。以上各书大多已有中译本。另外，席尔普（Schilpp）编有《波普尔哲学选集》（1974），书中附有波普尔的《思想自传》（后单独作为《无尽的探索：思想自传》，1976），并附有详尽的有关书目，颇便于有兴趣的读者参阅。

作为当代西方的一个自由主义者，波普尔反对任何形式的极权主义——左的或右的。他认为，一切政治、经济、社会问题都不能靠任何总体工程，而只能是靠"零碎工程"加以解决。他的工作就是从理论上论证整体工程的不可行性。本书所谓的历史主义是指历史决定论。(我们在本书附录卷首已说明为什么把此词译为"历史主义"而不作"历史决定论",此处不赘。)作者不承认人类的历史发展有其客观的必然规律(历史决定论),因为历史归根到底乃是人的或人民的创造。如其是客观的必然规定,是不可避免的,历史就谈不上人或人民的创造了。科学上的正确与否是要靠经验来检验的,社会实践正确与否也是要靠经验来检验的。实际上,作者此书意在提出他自己的一套历史学的哲学来取代以往的历史哲学,中心问题是历史学的成立其本身应该是建立在怎样的一种哲学基础之上。

学术思想是在各种不同理论的不断交锋中成长和进步的。我国历史学界过去多年似有重历史哲学而轻历史学哲学的倾向,本书或许可以从侧面和反面供我国史学工作者批判和参考之用。此外,本书对于中国读者更多地了解西方思想流派也会有所帮助。

本书的题名作者自谓是仿普鲁东《贫困的哲学》和马克思《哲学的贫困》,所以现在这个中译本于1987年由社会科学文献出版社出书时,原译名作《历史主义的贫困》,列入中国社会科学院世界历史研究所编"外国史学理论名著译丛",迄今已有11年之久。此次再版,译文又经全部重行校订,改由中国社会科学出版社列入《西方现代思想丛书》系列中出版,书名亦由《历史主义的贫困》改作《历史主义贫困论》,以示与原来的译本有别,谨此说明。

译者识
1998年秋 北京

历史的说明

本书的基本论题——即历史宿命论全然是一种迷信;用科学的手段也好,或用任何其他理性的手段也好,人类历史的进程都是不能预言的——可以追溯到1919—1920年的冬天。到了1935年,主要的轮廓已经完成。1936年1月或2月,在布鲁塞尔我的朋友阿尔弗列德·布劳恩塔尔(Alfred Braunthal)家里举行的一次私人会议上,首次宣读了以"历史主义①的贫困"为题的这篇论文。在会上,我从前的一个学生对这次讨论提出了一些很重要的意见。他就是不久以后沦为盖世太保与第三帝国历史主义迷信的牺牲品的卡尔·希尔费尔丁博士(Dr·Karl Hilferding)。当时在场的还有其他一些哲学家。此后不久,在伦敦经济学院哈耶克②教授的研究班上,我又宣读了一篇类似的论文。因为哲学刊物退回了我寄去的手稿,所以出版耽搁了好几年。它首次发表在 *Economica*(《经济》)杂志(复刊)上,分三部分载于1944年第11卷(42期、43期)和1945年的第12卷(46期)。从那时以后,意大利译本(米兰,1954)和法文译本(巴黎,1956)都以专书形式问世。目前这个版本的文字经过了修订,并且增加了一些内容。

---

① 在本书中,历史主义(historicism)即指历史决定论。参见本书评序及附录。——译者
② 哈耶克(F. A. von Hayek,1899—1992),奥地利出生的英国经济学家、教育家和讲演家。——译者

序

我在《历史主义贫困论》中曾试图表明,历史主义是一种贫乏的方法——是一种不会结出果实来的方法。但我在实际上并不排斥历史主义。

从那时以来,我已经完成了对历史主义所做的反驳:**我已经表明,由于严格的逻辑理由,我们不可能预告历史的未来行程。**

论证就包含在我于1950年发表的《经典物理学中和量子物理学中的非决定论》那篇论文里。但是我现在不再满意那篇论文。更满意的一篇探讨见于我的《科学发现的逻辑》的《跋:20年之后》中的一部分,即关于非决定论的那一章。

为了向读者报道这些更晚近的成果,我准备在这里用几句话给出这一对**历史主义的反驳**的纲要。论证可以总结为如下的五条陈述:

1. 人类历史的行程是受着人类知识增长的强烈影响的(这一前提的真实性甚至于必定会被那些在我们的观念中,包括在我们的科学观念中,仅只看到了某一种或另一种**物质**发展的副产品的人们所承认的)。

2. 我们不能用合理的或科学的方法来预告我们科学知识的未来增长(通过以下所描绘出的那些考虑,这一论断是可以从逻辑上加以证明的)。

3. 因此,我们不能预告人类历史的未来行程。

4. 这就意味着,我们必须摒弃**理论历史学**的可能性;也就是说，摒弃一种可以相当于**理论物理学**的那种历史社会科学的可能性。不可能有历史发展的任何科学理论是可以构成为历史预告的基础的。

5. 历史主义的方法的基本目的（见本书第 11—16 节）因此就是错误的构想；于是历史主义也就崩溃了。

当然，这种论证并不排斥任何一种社会预告的可能性；相反地，它以预告在某些条件下将出现某些发展的方式而可以完全适应对社会理论进行检验——例如经济理论——的可能性。它之摒弃预告历史发展的可能性，仅只以它们可能受到我们知识增长的影响为限。

这一论证中的决定性的一步是陈述"2"。我认为它本身是令人信服的：**假如有增长着的人类知识这样一种东西的话，那么，我们今天就不可能预见我们明天将知道什么**。我认为这是一种健全的推理，但是它并不等于对这一陈述的**逻辑证明**。证明"2"——这是我在以上所提到的出版物中已经给出了的——是很复杂的；所以，如果能找到更简明的证明，我应该不致于惊讶。我的证明在于表明：**没有任何一个科学的预言者**——不管是一个活人科学家，还是一台计算机，——**可能用科学的方法预告其自身的未来结果**。企图这样做，就只能是在事后才得到它们的结果，这时对预告来说就太迟了；它们只能是在预告已经变成了后告时，才得到它们的结果。

这一论证乃是纯逻辑的，可以应用于具有任何复杂性的科学预告者，也包括互相作用着的预告者的"社会团体"。但是这就意味着没有一个社会团体能够科学地预告它自己未来的知识状态。

我的论证多少是有点形式的，所以它可以被怀疑为没有任何实际意义，哪怕是它的逻辑有效性得到了认可。

然而，我已经试图在两部研究著作里表明这个问题的意义。在后来的一部研究著作《开放社会及其敌人》中，我从历史主义思想史中选出了某些事件,以便说明它对于从赫拉克里特①和柏拉图到黑格尔和马克思的社会政治哲学的持久的而有害的影响。在这两部研究著作中的更早的一部《历史主义贫困论》中(目前是第一次用英文以专著的形式出版),我已经试图表明历史主义作为一种迷人的智力结构的意义。我已经试图分析它的逻辑——那往往是如此之微妙、如此之动人而又如此之骗人——并且我已经试图论证它在遭受着一种内在的而又无可弥补的弱点之苦。

卡·雷·波
白金汉郡,彭
1957 年 7 月

有些喜好追究的评论者们对这本书的标题感到惶惑。它是有意在套用马克思《哲学的贫困》一书的标题,而那本书又是在套用普鲁东的《贫困的哲学》的。

卡·雷·波
白金汉郡,彭
1959 年 7 月

---

① 赫拉克里特(Herakleitos,约公元前 540 年—公元前 480 年与 470 年之间),古希腊哲学家。——译者

目　　录

历史的说明 ………………………………………（1）

序 ……………………………………………………（1）

导论 …………………………………………………（1）

一　历史主义的反自然主义学说 ……………………（4）
   1. 概括 ……………………………………………（5）
   2. 实验 ……………………………………………（7）
   3. 创新性 …………………………………………（7）
   4. 复杂性 …………………………………………（10）
   5. 预告的不精确性 ………………………………（10）
   6. 客观性的评价 …………………………………（11）
   7. 总体论 …………………………………………（14）
   8. 直观的理解 ……………………………………（16）
   9. 定量方法 ………………………………………（20）
   10. 唯质主义还是唯名主义 ………………………（22）

二　历史主义的拥自然主义学说 ……………………（29）
   11. 与天文学的比较　长期预报与大规模预报 …（30）
   12. 观察的基础 ……………………………………（31）
   13. 社会动力学 ……………………………………（32）

14. 历史规律 …………………………………………… (34)
15. 历史预言还是社会工程学 ………………………… (34)
16. 历史发展的理论 …………………………………… (37)
17. 解释社会变化还是规划社会变化 ………………… (40)
18. 本分析的结论 ……………………………………… (43)

三 反自然主义学说批判 ……………………………… (46)
19. 本批判的实际目的 ………………………………… (46)
20. 社会学的技术学方法 ……………………………… (48)
21. 零碎工程学还是空想工程学 ……………………… (54)
22. 与空想主义的不神圣的同盟 ……………………… (60)
23. 总体论批判 ………………………………………… (64)
24. 社会实验的总体论理论 …………………………… (71)
25. 实验条件的变异性 ………………………………… (81)
26. 概括化是受时期限制的吗 ………………………… (84)

四 拥自然主义学说批判 ……………………………… (91)
27. 有没有演化的规律？规律与趋向 ………………… (91)
28. 归结法 因果解释 预告与预言 ………………… (105)
29. 方法的统一性 ……………………………………… (114)
30. 理论科学和历史科学 ……………………………… (125)
31. 历史的形势逻辑 历史的解释 …………………… (129)
32. 进步的制度理论 …………………………………… (134)
33. 结论：历史主义的感情诉求 ……………………… (140)

附录：评波普尔和他的《贫困》 ……………… 何兆武 (142)

译名对照表 …………………………………………… (181)

导　　论

　　人们对社会政治问题的科学兴趣，和对宇宙学和物理学的科学兴趣，几乎是同样地古老。在古代，曾有过这样的时期（我的心目中是柏拉图的政治理论和亚里士多德的宪法汇编），当时社会科学似乎曾经比自然科学更先进得多。但随着伽利略①和牛顿②，物理学的成功出乎人们预料，远远超过所有其他的科学；而且生物科学，自从巴斯德③——生物学的伽利略——之后，也几乎是同样的成功。但社会科学却似乎还没有发现自己的伽利略。

　　在这种情况下，工作在这一或那一社会科学领域的学者们，就非常之关心着方法问题；他们很多有关这些问题的讨论，都是着眼于那些更为繁荣昌盛的科学，尤其是物理学的方法而进行的。例如，正是有意识的企图模仿物理学的实验方法，就导致了冯特④那代人对心理学的改革；而自穆勒⑤以来，则反复试图根据大体类似的路线来改造社会科学的方法。在心理学的领域，这

---

① 伽利略（Galileo，1564—1642），意大利物理学家和天文学家，近代物理学的奠基人。——译者
② 牛顿（Newton，1642—1727），英国物理学家，经典物理学的奠基人。——译者
③ 巴斯德（Louis Pasteur，1822—1895）法国微生物学家、化学家，近代微生物学的奠基人。——译者
④ 冯特（Wundt，1832—1920），德国心理学家、哲学家，构造心理学派创始人之一。——译者
⑤ 穆勒（J. S. Mill，1806—1873），英国哲学家及经济学家。——译者

些改革可能已经取得了一定程度的成功，尽管也有大量令人失望之处。但是在理论社会科学的领域，除了经济学之外，这些企图所得到的大抵只不外是令人失望而已。当人们讨论这些失败时，很快地就提出了这样一个问题：物理学的方法是不是真能适用于社会科学？或许，是不是对这一方法的可适用性的顽固信仰，应该对这些研究的可悲状态负责？

这些疑问就提示着有关不很成功的科学方法之各派思想的一种简单的分类。依照他们对物理学方法可适用性的观点，我们可以把这些流派分为**拥自然主义的**或**反自然主义的**；如果他们赞同把物理学的方法应用到社会科学，就称他们为"拥自然主义的"或"实证的"；如果他们反对应用这类方法，则称为"反自然主义的"或"否定的"学派。

一个方法论的学者是坚持反自然主义的学说还是拥自然主义的学说，或是否接受这两种学说的理论结合，这在很大程度上要取决于他们对所考虑学科的特点及其主题的特点的看法。他所采取的态度，也取决于他关于物理学方法的观点。我相信这后一点是最为重要的。我认为，在大多数有关方法论的讨论中，严重的错误都产生于对物理学方法的某些极为普通的错误理解。尤其是，我认为他们产生于对物理学理论的逻辑形式、检验方法和观察与实验的逻辑功能的一种错误理解。我的论点是，这些错误的理解有着严重的后果；我将在本书第三和第四部分中试图证明这一主张。在这两部分中，我要证明各种不同的、有时是互相冲突的论证和学说，无论是反自然主义的还是拥自然主义的，都确实是基于对物理学方法的一种错误的理解。然而在第一、第二两部分中，我将仅限于解释某些反自然主义和拥自然主义的学说，这两种学说结合在一起就形成了一种有特色的研究途径的组成部分。

我首先是要解释、然后才是要批评的那种研究途径，我称之为"历史主义"。它在讨论社会科学方法时是常常遇到的；它也是不经批判的反思就经常被人应用的，甚至于被视为理所当然的。我所说的"历史主义"一词是什么意思，我将在本书中详加阐述。在这里，我只要说我所谓的"历史主义"是指一种社会科学的研究途径，它认为**历史预言**是它的主要目的，并认为通过揭示隐藏在历史演变之中的"节奏"、"类型"、"规律"和"趋势"就可以达到这一目的——这样说就够了。既然我确信这类历史主义方法的学说，从根本上说，要对理论社会科学（除了经济理论而外）之不能令人满意的状态负责，所以我对这些学说的表述必然不会是没有偏见的。但是我力图做出一种有利于历史主义的申诉，以便对我随后的批评先让一步。我力图把历史主义表现为一门精心考虑和结构紧密的哲学。我毫不犹豫要构造出来种种拥护它的论据；这些论据，就我所知，是历史主义者自己还从来没有提出过的。我希望，我以这样的方式而能成功地建立一种真正值得攻击的立场。换句话说，我已经力图完善一种虽然经常被人提了出来、但却或许从来没有呈现为一种充分发展的形式的理论。这就是我为什么有意选择了一个多少有点不大习惯的名词——"历史主义"——的原因。通过对它的介绍，我希望我将能避免单纯文字上的吹毛求疵，因为我希望不会有人被诱导去提问：这里所讨论的任何论点是否真正地、确切地或在本质上是属于历史主义的，或者历史主义一词的真正的、确切的、本质的意思究竟是什么。

一 历史主义的反自然主义学说

历史主义在其强烈反对社会学领域中方法论的自然主义时断言，由于社会学与物理学之间存在着深刻的差异，所以某些物理学的特有方法就不能应用于社会科学。它告诉我们说，物理世界是由在所有的时间和空间中都永远不变的一个物理上的一致体系所支配的，所以物理规律或者说"自然规律"在任何地点或任何时间都是有效的。然而，社会学规律或社会生活规律在不同的时间和地点却是不同的。尽管历史主义承认，存在着有充分之多的典型社会条件，其经常的重复出现是可以观察得到的，但它却否认社会生活中可观测的经常性具有着物理世界不变的经常性那种特征。因为它们要随历史、要随文化差异而转移。他们要以特殊的**历史情况**为转移。因此，人们不能不加以进一步的限制而谈经济规律，人们只能是谈封建时期的经济规律，或者早期工业时代的经济规律，诸如此类；总归是要提到所讨论的规律在其中被认为曾经流行过的那个历史时代。

历史主义宣称，社会规律的历史相对性使得大部分物理方法不能应用于社会学。这个看法所根据的典型历史主义论据，涉及概括、实验、社会现象的复杂性、精确预告的困难和方法论的本质主义的意义。我将依次讨论这些论据。

一　历史主义的反自然主义学说

1. 概括

根据历史主义的观点，在物理科学中，概括的可能性及其成功有赖于自然界的普遍一致性：即有赖于这样的观察——也许最好是说假定——在同样的境况之下会产生同样的事物。这一原理被认为是在所有的时间和空间中都是有效的；据说，它构成物理学方法的基础。

历史主义坚持，这一原理在社会学中必然会无用。同样的境况只能是在一个唯一的历史时期中才出现。它们决不会从一个时期持续到另一个时期。因而在社会中，就没有什么长远的一致性能够成为长期性概括的基础——亦即如果我们不去考虑**琐碎的常规**，诸如这样的一些老生常谈：人类总是生活在群体之中的，或某些物质的供应是有限的，而另一些，例如空气，则是无限的；而只有前者才能有市场或交换价值之类。

根据历史主义的看法，忽视这种限制而试图对社会的一致性进行概括的方法，就隐含着假定所讨论常规性是永久有效的；因此，一种方法论上的天真的观点——即认为概括的方法可以从物理学搬到社会科学上来的观点——就会产生一种虚假的而且危险误人的社会学理论，那将是一种否认社会发展的理论，或者说否认社会曾经有过重大的变化，或者说否认社会发展——如果有任何发展的话——能够影响社会生活的基本常规。

历史主义者经常强调，在这些错误理论的背后，通常都有着一种辩护的目的；而且的确，有关不变的社会学规律这一假设很容易被误用于这种目的。首先，它可能呈现为这样一种论据，即那些令人不愉快的或不情愿的事物都必须加以接受，因为它们都是由不可变易的自然规律所决定的。例如，经济学的"不可动摇的规律"就被用来证明以法令干预工资谈判乃是徒劳的。对这一持久性假设的第二种辩护性的误用，就是它培养了一种对不可避免性的普遍感觉，因而也就培养了人们沉默地、毫无反抗地忍受不可避免的东西。现在存在的将永远存在；试图要影响事件的进程，甚或只是对它们进行评价，都是荒唐可笑的事：一个人并不向自然规律去辩论，而企图推翻它们则只会导致灾难。

历史主义者说，这些都是保守的、辩护性的，甚至是宿命论的论据；它们都是要求社会学采用自然主义方法的必然系论。

历史主义者反对这些论点而坚持说：社会的一致性大大不同于自然科学的一致性。它们从一个历史时期到另一个在不断变化着，而**人**的活动就成为改变它们的力量。因为社会的一致性并不是自然的规律，而是人为的；虽然可以说，它们有赖于人性，但它们之所以如此，却是因为人性具有改变和（也许是）控制它们的力量。所以，事物可以变好，也可以变坏：积极的改革必定不会是徒劳的。

历史主义的这些倾向投合了那些感到了有一种采取行动的号召的人们；有一种要干预、尤其是干预人事的号召，并拒绝接受现存的事物状况作为是无可避免的。这种要求行动而反对任何自满自足的倾向，可以称之为"**行动主义**"。在第17、第18两节里，我还要再谈到历史主义对行动主义的关系；不过在这里，我可以引用一位著名的历史主义者马克思的告诫，它突出地表达了"行动主义者"的态度："哲学家们只是用不同的方式**解释**世界，而问题在于**改变**世界。"①

---

① 见他的《关于费尔巴哈的提纲》（1845年）第11节；并参见本书第17节（见《马克思恩格斯全集》第三卷，人民出版社1960年版，第6页。——译者）。

2. 实验

物理学使用实验的方法；就是说，它引用了人工控制与人工隔离，从而保证同样条件的再现和随之而产生某些效应。这种方法显然基于这一观念：在相同的境况下将出现相同的事物。历史主义者认为，在社会学里，这种方法是不适用的。他又争辩说，即使是适用，也不会有用。因为任何实验的结果，其意义都非常有限；原因是，相同的条件只是在一个唯一的时期之内呈现。而且，人工隔离恰好会消除那些在社会学里极为重要的因素。鲁滨逊[①]及其孤立的个体经济，决不能成为其问题乃是由于个人的和集团的相互经济作用而产生的那种经济的一个有价值的模型。

历史主义进一步争论说，根本就不可能有真正有价值的实验。大规模的社会学实验决不是物理学那种意义上的实验。它们并不是用来促进知识本身的，而是为了获得政治上的成功的。它们并不是在一个与外部世界相隔绝的实验室里完成的；倒不如说，正是它们的完成才改变了社会的条件。它们也绝不能在完全相同的条件之下重复进行，因为条件已经被它们第一次的完成所改变了。

3. 创新性

刚才所提到的论点，很值得阐发。我已经说过，历史主义否认在精确相同的条件之下重复进行大规模社会实验的可能性，因为第二次进行的条件必定会受到这一实验在以前已经进行过了的这一事实的影响。这种论点基于这一思想，即社会像一个有机体，具有我们通常所称之为对它的历史的一种记忆。

---

① 见本书第75页注释①："鲁滨逊·克罗索式的实验"。——译者

在生物学上，我们可以谈到一个有机体的生命史，因为一个有机体部分地是被过去的事件所规定的。如果那类事件重复发生，对于经验着它们的有机体来说，它们就失去了其新奇性的特征，而被习惯所熏染。然而，这恰好是重复出现的事件的经验与原来事件的经验之**不同**的原因——也就是重复出现的经验乃是**新**经验的原因。所以，被观察到的事件的重复就能相应于一个观察者的新奇经验的呈现。因为它形成了新的习惯，重复就产生了新的、习惯性的条件。因此，我们对同一个有机体重复进行的某项实验，其全部条件——内在的和外在的——就不会是相同得足以使我们能谈到真正的重复。因为，即使是环境条件的严格重复，也会是和有机体内部的新条件结合在一起的：有机体乃是通过经验在学习的。

按照历史主义来说，这一点对于社会来说也同样正确，因为社会也是在经验着：它也有它的历史。它可以只是根据自己历史的（部分）重复而慢慢学习；但是不容怀疑，就其部分地是为自己的过去所规定而言，它就确实是在学习；传统和传统的忠诚与憎恶、信任和不信任，是不可能以别的方式在社会生活中起重要作用的。所以，真正的重复在社会历史中必然是不可能的；而这就意味着，人们必须预料到具有内在的新特性的事物会要出现。历史或许会重演，但绝对不会是在同一个层次上，尤其是如果有关的事件具有重要的历史意义，而且如果它们对社会具有长远的影响的话。

在物理学所描述的世界里，不可能发生任何事物是真正的和内在的新事物。人们可以发明一种新机器，但我们总能分析出，它只不过是一些并没有任何新东西的部件的重新组装而已。物理学里的新，仅仅是安装或组合上的新。与此直接相反，历史主义坚持社会的新，就像生物学的新一样，乃是一种内在的新。它是一种真正的新，是不可能归结为安装上的创新性的。因为在社会生活中，新装置中的同样的旧因素决不真正是同样的旧因素。凡在没有任何事物能够精确地重演它自己的地方，总是必定在形成着真正的创新性的。对于考察历史发展的新阶段或新时期——它们每一个都内在地不同于另外一个——来说，这一点应当看作是具有重要意义的。

历史主义认为，没有什么时刻是比真正新时期的出现更为重大的了。这一社会生活中的极其重要的方面，是不能用我们解释物理学领域里的创新性所习惯的那种线索去加以调查研究的，亦即把它们看作人所熟知的要素的重行组装。即使是物理学的通常方法可以适用于社会，那也决不适用于它的最重要的特征：即它**之划分为时期以及创新性的出现**。一旦我们把握了社会的新性质的重要意义，我们就会被迫放弃这样的见解，即把通常物理学的方法应用于社会学的问题，可以有助于我们理解社会发展的各种问题。

社会的新颖性还有另一个方面。我们已经看到，某种意义上，每一桩特殊的社会事故、社会生活中的每一桩单独的事件，都可以说是新的。它可以和其他的事件归为一类，它可以在某些方面和这些事件相似；然而它在一种非常之确切的方式上，总是独一无二的。就有关社会学的解释而论，这一点就导致了一种与物理学的局面显然不同的局面。可以设想，我们通过分析社会生活，可能发现并直觉地理解任何一桩特殊事件是怎样并且为什么发生的；我们可以清楚地了解它的**原因**与**结果**——即形成了它本身以及它对其他事件的影响的那些力量。然而我们却会发现，我们不能够总结出**一般的规律**，用一般的词句来描述这类因果的链索。因为，它可以仅仅是一种特殊的社会学情况，而不是其他的什么，那是用我们已经发现的特殊力量就可以得出正确的解释的。而那些力量也很可以是独一无二的；它们可能在这一特殊的社会局势中仅仅出现一次，而永远不再出现。

4. 复杂性

刚才上面勾绘过的方法论的情况，还有许多另外的方面。其中一个被人讨论得很多、而这里并不讨论的方面，是某些独一无二的社会学上的作用。另一个方面是社会现象的复杂性。在物理学中，我们所处理的题材远没有这么复杂；尽管这样，我们还是在通过实验上孤立的方法在人为地简化问题。由于这种方法不适用于社会学，我们就面临着双重的复杂性——一重复杂性是出自人工孤立的不可能性，一重则出自这一事实，即社会生活乃是一种自然现象，它以个人的心灵生活为前提，即心理学，而心理学又以生物学为前提，生物学又以化学与物理学为前提。社会学在各门科学的这一阶梯中来得最后，这一事实就清楚地向我们表明了社会生活中所涉及的各种因素的极端复杂性。即使是存在着有像物理学领域中的一致性那样不可变易的一致性；但由于这种双重的复杂性，我们也很可能发现不了它们。但是，如果我们不能发现它们，那么认为它们终究是存在的也就没有意义了。

5. 预告的不精确性

我们在讨论历史主义的拥自然主义学说中将要表明，历史主义倾向于强调预告的重要性作为科学的任务之一（在这一点上，我对它是十分同意的，尽管我**并不相信**，**历史的预告**乃是社会科学的任务之一），然而历史主义争辩说，社会预言肯定是非常困难的，不仅仅是由于社会结构的复杂性，而且也由于预告和被预告的事件在相互联系中所产生的一种特殊的复杂性。

预告之可以影响到被预告的事件，这一观念是一个很古老的观念。传说中，俄狄浦斯①杀死了他以前从未见过面的父亲，而这却是使得他父亲遗弃了他的那个预言的直接后果。这就是我之所以要建议以"**俄狄浦斯效应**"来命名预告对被预告的事件的影响的原因了（或者，更一般地说，以它来命名一项信息对该信息所涉及的局势的影响），无论这一影响是倾向于产生被预告的事件，还是倾向于阻止它。

历史主义者近来指出，这种影响可以和社会科学有关；它可能加大做出准确预告的困难度，并危及预报的客观性。他们说，从社会科学终究能够发展到容许**精确地**对一切种类的社会事实与事件作出预告的这一假设里，可以得出荒谬的结论来；因此，这一假设可以根据纯粹逻辑的理由而被驳倒。因为，如果这样一种新奇的科学性质的社会年历被构造了出来并为大家所知悉（它不可能长久保密，因为在原则上，任何人都可以重新发现它），那么，它肯定就会引起某些可以推翻它那预告的行动来。举例说，假设预测说，股票价格将会上涨三天，然后下跌。显然，与市场有关系的每一个人就都会在第三天抛出股票，于是引起那天的价格下跌，并证伪了那个预测。总之，一份准确而详尽的有关社会事件的年历的这一想法乃是自相矛盾的；因此，**准确而详尽的科学性的社会预报就是不可能的**。

6. 客观性的评价

我们已看到，在强调社会科学预告的困难时，历史主义提出了一些论据，它们是建立在分析预报之影响到被预报的事件的基

---

① 俄狄浦斯（Oedipus），希腊神话中的一个王子。因神曾预言他将杀父娶母，出生后被他父亲遗弃在山崖上，但被人救起。长大后，他想逃避杀父娶母的命运，但无意中却杀死了自己的父亲，又娶了母亲为妻。——译者

础之上的。然而，根据历史主义看来，这种影响在一定情况下会对于作出预报的观察者有着重要的反冲力量。类似的想法甚至在物理学中也是起作用的，物理学中的每一项观察，都是以观察者和被观察的对象之间的能量交换为基础的。这导致了物理预报通常可以忽略的不确定性，这就被称为"测不准原理"，或许可以说，这种不确定性乃是由于被观察的客体与观察者的主体之间有相互作用的缘故，因为两者都属于同一个作用与相互作用的物理世界。像是玻尔（Bohr）① 曾经指出过的，在其他科学中，特别是在生物学和心理学中，也有类似于物理学中这一情况的地方。然而，科学家和他的客体都属于同一个世界的这一事实，其意义之重大莫过于表现在社会科学中了。这里它导致了预告的不确定性（像是已经说明过的），而这种预告有时候又有着重大的实际意义。

在社会科学中，我们面临着观察者与被观察的对象、主体与客体之间的充分复杂的相互作用。觉察到存在着可能产生一种未来事件的趋势以及更进一步觉察到预测本身就可能影响到被预告的事件，这就很可以对于预告的内容产生反冲力量；而这种反冲力量可以是一种严重得足以损害社会科学中所预告的以及其他研究成果的客观性的程度的力量。

预告是一桩社会事件，它可能和其他的社会事件相互作用、并且在其中和它所预告的事件相互作用。我们已经看到，预测可以促成这一事件；但是也很容易看出，它也可以以另外的方式影响它。在极端的事例中，甚至于可以**造成**它所预告的事件的发生；而如果不曾被预告过，那个事件可能根本就不会发生。在另外一个极端，则对一个迫在眉睫的事件的预告又可以引向**阻止**那个事件的发生，（因此，可以说，社会科学家由于审慎或疏忽而

---

① 见本书第 80 页注释②。——译者

未能做出预告，就能够实现它，或者说能够使它发生）。在这两种极端之间，显然还有许多中间的事例。做出某种事情的预告或避免做出预告，两者都可以有着各种各样的后果。

因此，显然可见，社会科学家必须及时觉察到这些可能性。例如，一个社会科学家由于预见到他的预告会造成某件事情的发生而可以对它做出预告。或者，他可以否认某件事情是在预期之中的，从而就防止了它。在这两种事例中，他都可以遵守那条似乎是保证科学客观性的原理：说出真理，并且仅只是说出真理。然而，尽管他说出了真理，但我们却不能说，他已经遵守了科学的客观性；因为在做出预报时（那是由即将发生的事件来实现的），他可能已经沿着他本人所偏爱的那个方向而影响到那些事件的发生了。

历史主义者可能承认，这幅图景多少是有点提要式的，但是他仍然会坚持说，它鲜明地提出了一个我们在社会科学的每一章中都会看到的特点。社会科学家的声明和社会生活之间的相互作用，几乎照例会造成一些局势，使我们在其中不仅必须要考虑这些声明的真实性，而且还必须要考虑他们对未来发展的实际影响。社会科学家可以是在追求发现真理；但是同时，他也必定总是在对社会起着一种确切的影响。他们的声明**的确**在起着一种影响的这一事实本身就摧毁它们的客观性。

以上我们一直都在认定社会科学家确实是在努力想发现真理，并且仅只是真理；但是历史主义者将会指出，我们所描述的那种情况却给我们的假定造成了麻烦。因为凡是在偏好和利害关系对科学理论与预告的内容有着这类影响的地方，究竟能否测定并避免偏见就成为很可疑的了。因此，我们就不必惊奇会看到，为什么我们在社会科学中极少能发现有似于我们在物理学中所遇到的那种客观而理想的真理探索。我们必须期待着在社会生活中可能发现有多少种倾向，在社会科学中也就有多少种倾向；有多少种利益，也就有多少种立场。人们也可以追问，这种历史主义的论据究竟是否会走到相对主义那种极端的形式里去，即认为客观性以及真理的理想在社会科学中是完全不能适用的，在那里只有成功——政治上的成功——才是决定性的。

为了阐明这些观点，历史主义者可以指出，凡是一个社会发展的时期有着某种其本身所固有的趋势的时候，我们就可以指望着找到影响这一发展的各种社会学理论。这样，社会科学就可以像助产婆那样地起作用，有助于促成新的社会时代来临；而当它掌握在保守派利益的手中时，它也同样可以用来推迟行将到来的社会变革。

这样一种观点可以提示对各种不同的社会学理论与派别之间的区别进行分析和解释的可能性，或者是诉之于它们和一个特殊的历史时期所流行的偏好和利害的联系（这种路数有时候叫作"历史主义"，但不可和我所说的"历史主义"混为一谈），或者是诉之于它们和政治的、经济的或阶级的利益的联系（这种路数有时候叫作"**知识社会学**"）。

7. 总体论①

大多数历史主义者认为，物理学方法之所以不能应用于社会科学，还有一个甚至于是更深刻的原因。他们论证说，社会学像一切"生物"科学，即一切是研究有生命的物体的科学一样，不应当以一种原子论的方法，而是应当以目前被称为"总体论"的方法来进行研究。因为社会学的对象，即社会集体，决不能被看作单纯是人的集合体。社会集体决**不止于**是它的成员的单纯的总和，它也**不止于**是任何时候都存在于它的任何成员之间的纯属

---

① 总体论（Holism），指总体大于部分之和的观点。——译者

个人关系的单纯的总和。这一点，甚至在一个只包括三个人的简单的集体中都很容易看出来。由 A 和 B 所建立的一个集体，在性质上就不同于同样数目但由 C 和 B 所建立的集体。这可以阐明如下说法的意义：即每个集体都有一部它自己的**历史**，而且它的结构在很大程度上有赖于它的历史（可参看以上第 3 节论"创新性"）。一个集体如果丧失了一些它的不太重要的成员，它仍然可以很容易保留它的特性不变。而且甚至于可以想象，即使是一个集体原来的成员**全部**都为其他人所代替，它还可以保留许多它原来的特性。但是目前组成这个集体的同样的成员却很可能建立起来另一个非常之不同的集体，假如他们并不是一个一个地进入到原来的这个集体里来，而是建立一个新的集体来代替它的话。这个集体的成员的个性，可以对这个集体的历史与结构发生很大的影响，但这一事实并不妨碍这个集体有它自己的历史和结构，而且这也不妨碍这个集体强烈地影响到它的成员的个性。

所有的社会集体都有它们自己的传统、它们自己的制度和它们自己的礼仪。历史主义声称，如果我们希望理解和解释一个集体的现存状况，并且如果我们希望理解或许还预见到它的未来发展，那么我们就必须研究它的历史、它的传统与制度。

社会集体的总体特性、这些集体之决不能完全解释成它们的成员们的单纯集合这一事实，就指出了历史主义者在物理学的创新性和社会生活的创新性之间所做的区别；物理学的创新性仅只包含着其本身并不是新的那些要素和因子的新组合或新安排，而社会生活的创新性却是货真价实的，而不能归结为单纯是在安排上的创新。因为如果社会结构一般说来并不能解释为其各个部分或成员的组合，那么就必定不可能用这种方法来解释**新的**社会结构。

另一方面，历史主义坚持，物理结构可以解释为单纯的"群体"（constellations）或者说是它的各个部分以及其几何形状的单纯的总和。以太阳系为例，虽然研究太阳系的历史可能是引人入胜的,并且虽然这一研究可以对它的现状投射一道光明;但是我们知道,在某种意义上,这个现状却是独立于太阳系的历史之外的。太阳系的结构、它的未来的运动和发展,完全是由它那些成员现在的群体所决定的。只要给出任何一瞬间它的成员的相对位置、质量和动量,就完全可以决定这个体系未来的运动。我们并不需要额外的知识,比如哪一个行星更为古老,或者哪一个是从外部带入太阳系里来的:它那结构的历史虽然可以引人入胜,但对于我们理解它的行为、它的机制以及它未来的发展却是毫无裨益的。十分显然的是,一个物理结构在这一点上大大不同于任何社会结构;对于后者,哪怕我们掌握了它那瞬时的"群体"的全部知识,但不仔细研究它的历史,我们就不能理解它,也不能够预告它的未来。

这些考虑就强烈地提示着,在历史主义和所谓社会结构的**生物学理论或有机体理论**——即,通过与生物有机体相类比,来解释社会集体的理论——之间有着一种紧密的联系。的确,总体论通常被说成是生物学现象的特征,而总体论的方法则被认为是考察各种有机体的历史怎样在影响它们的行为时所不可或缺的。因此,历史主义的总体论论点就倾向于强调社会集体和有机体之间的相似性,尽管这些并不必然导致接受一种关于社会结构的生物学理论。同样地,作为**集体传统**的载体的**集体精神**之存在这一著名的理论,尽管它本身并不必然是历史主义论点的一部分,却和总体论的观点紧密相连。

8. 直观的理解

我们以上已经主要地探讨过了社会生活的某些特征方面,像是创新性、复杂性、有机性(organicity)、总体论和它那历史之分为若干时期的方式,以及根据历史主义的观点使得某些典型的物理学方法之不适用于社会科学的那些方面。因此，一种更富于历史性的研究方法就在社会研究中被认为是必要的了。它是历史主义的反自然主义观点的一个部分，即我们必须努力直观地理解各种不同社会集体的历史；并且这一观点有时候发展成为一种与历史主义有着非常密切联系的方法论学说，虽则它并非是不可变动地和历史主义结合在一起的。

就是这个学说，主张社会科学的固有方法与自然科学的方法相对立，乃是以对社会现象的亲身理解为基础的。下述的对立和对比通常被人强调指出是和这个学说相联系看的：即，物理学是以因果解释为目标；社会学则以对目的与意义的理解为目标。在物理学中，对事件的解释是严格的和定量的，并且借助于数学公式。社会学则力图以更为定性的条件，例如，从互相冲突的趋势和目的出发，或从"民族性"或"时代精神"出发，去理解历史的发展。这就是物理学要用归纳的概括化进行操作，而社会学却只能借助于同情的想象进行操作的原因。而这也就是为什么物理学能够得到普遍有效的一致性，并把特殊事件解释成这些一致性的实例；而社会学却必须满足于对那些独一无二的事件之直观的理解，以及对发生在利益、倾向和命运的特殊斗争之中的特殊情况里它们所起的作用之直观的理解。

我准备区别一下直观理解学说的三个不同的变种。第一个是断言，当从产生了一桩社会事件的各种力量出发而分析了一桩社会事件之后，也就是，当弄清了有关的个人和集体、他们的目标或利益以及他们所能掌握的势力之后，这个社会事件也就得到了理解。在这里，个人或集体的行动被理解为是符合他们的目的——是在促进他们真正的利益的，或者至少也是他们的想象中的利益的。在这里，社会学的方法就被设想为是关于朝着某些鹄的的理性或非理性的行为定向的一种想象性的重建。

第二个变种要走得更远。它承认那样的一种分析是必需的，尤其是有关理解个人的行为或集体的行为时。但是它又主张，要理解社会生活，还需要更多的东西。如果我们要解释一桩社会事件的意义，例如某一件政治行动，单从目的论上去了解它是怎样和为什么发生还是不够的。在它之外与之上，我们还必须理解它的意义、它的出现的重要性。这里的"意义"和"重要性"指的是什么呢？从我所描述为第二个变种的那种观点出发，答案就会是：一个社会事件不仅是对其他事件施加影响，不仅最终导致其他事件，而且正是它那出现的本身就改变了大范围内其他事件的局势价值（situational value）。它创造了一种新的局势，要求一种对那个特殊领域里的一切事物和一切行动的重新定向和重新解释。比如说，要理解某个国家创建一支新军队这样一件事，就有必要去分析各种意图和利害关系，等等。然而，若不同时分析它的局势价值，我们就不能充分理解那个行动的意义或重要性；例如，另一个国家的军事力量直迄当时是能充分保卫它自己的，现在却可能变得十分不够了。总之，**全部社会局势**，甚至于在出现任何进一步的事实变化——无论是物理的、还是心理的——之前，就可能已经变化了；因为局势可能早在人们没有注意到以前，就已经变化了。于是，为了理解社会生活，我们就必须超出单纯分析事实的因果，即分析动机、利益关系以及由行动所造成的反应；我们必须把每一事件理解为是在整体之中扮演某种特殊性的角色。这一事件就由于它对整体的影响而获得它的重要性，因此它的重要性就部分地取决于整体。

直观的理解学说的第三个变种，在完全承认第一和第二两个变种所主张的一切的同时，甚至于走得更远。它认为，要理解一桩社会事件的意义或重要性，就需要有着比分析它的起源、结果和局势价值更多的东西。在这样一种分析之外和之上，就有必要分析在支配着所论述的时代的客观的、基本的历史趋势和倾向（诸如某些传统或强权的兴起或衰落），并且要分析所论述的事件对历史过程的贡献，从而使这些趋势得以显示出来。例如，要充分理解德雷福斯事件（Dreyfus Affair），①在分析它的缘由、效果和局势之外及之上，就要求有着对于它是法兰西共和国发展中两种历史趋势，即民主的和进步的、专制的和反动的斗争的表现这一事实的洞见。

这一直观理解方法的第三个变种及其对历史的趋势或倾向的强调，乃是一种在一定程度上提出把**类比推论**从一个历史时代应用到另一个时代的主张。因为尽管它完全认识到，各个历史时代内在地都是不同的，并且没有任何事件能够在另一个社会发展的时期真正重演它自己；但是它却可以承认，相类似的倾向在不同的时期里（也许，彼此相隔很远）可以占据主导地位。例如，有人说，这样的类似或类比在亚历山大（Alexander）②以前的希腊和俾斯麦（Bismarck）③以前的南德意志之间就是有效的。直观的理解方法提出，在这类的事例中，我们评价某些事件的意义时，应该以它们和更早时期的类似事件做比较，从而有助于我们预告新的发展——然而同时决不可忘记，必须恰当地估计到两个时代之间不可避免的差异。

于是我们就看到，一种能够理解社会事件意义的方法，就必须远远超出于因果性的解释。它的性质必须是总体论的；它必须旨在断定一桩事件在复杂的结构之内所起的作用——在一个不仅

---

① 德雷福斯事件（Dreyfus Affair）：1894 年，法国军事当局诬告犹太血统的法国军官德雷福斯出卖国防机密给德国。德雷福斯被判处终身苦役。当局借此掀起反犹运动。当事实证明为诬告时，当局拒不重审，导致民主力量与反动势力之间的尖锐斗争。在舆论压力下，1899 年德雷福斯被宣告无罪后复职。——译者
② 亚历山大（Alexander，公元前 356—公元前 323），马其顿国王，于公元前 338 年征服希腊。——译者
③ 俾斯麦（Bismarck，1815—1898），德意志帝国第一任首相，他完成了德国的统一。——译者

包括有同时期的各个部分，而且还有在时间发展过程中各个相续阶段的整体之内所起的作用。这可以解释何以直观理解方法的第三个变种要有赖于一个有机体和一个集体之间的类比，以及何以要使用时代的心灵或精神之类的观念，它们才是在决定社会事件的意义上起了如此之重大作用的一切历史倾向或趋势的根源和监管者。

但是，直观理解的方法并不仅仅适合于总体论的观念。它也很同意历史主义对创新性的强调。因为创新性并不能从因果性上或合理性上加以解释，而只能是直观地加以把握。此外，还可以看到，在对于历史主义的拥自然主义学说的讨论中，他们和我们的直观理解方法的"第三个变种"及其对历史"倾向"或"趋势"的强调，二者之间有着一种非常紧密的联系（例如，可参见第 16 节）。

9. 定量方法

在通常为人们所强调的与直观理解学说有关的那些对立与对比之中，历史主义者常常强调以下这一点。据说，在物理学中，事件是以定量的词句并借助于数学公式而得到严格和精确的解释的。另一方面，社会学则更多地是以定性的词句去理解历史发展的，例如，用互相冲突着的趋势与目的之类的词句。

反对定量方法与数学方法的适用性的论据，决不仅仅为历史主义所特有；而且的确，这类方法也时而被一些甚至具有强烈反历史主义的观点的作家们所否定。可是，一些最具说服力的反对定量的和数学的方法的论据，却很好地说出了我所称之为历史主义的那种观点。这里就要讨论这些论据。

当我们考虑反对在社会学中使用定量的和数学的方法的观点时，必定就立刻会向我们提出一个强而有力的反驳意见：即这种态度似乎同某些社会科学中实际所运用的极其成功的定量的和数学的方法这一事实相冲突。在这一点的面前，怎么可能否认它们是可以适用的呢？

针对这一反驳，对定量的和数学的观点的反对意见倒可以得到某些为历史主义的思维方式所特有的某些论据的支持。

历史主义者也许会说，我非常赞同你的意见；但是，在社会科学的统计方法与物理学的定量—数学方法之间仍然存在着巨大的差别。社会科学中根本没有任何东西可以与**物理学中的数学公式化了的因果规律**相比。

举例来说，考虑一下这条物理定律，即（对于任何给定波长的光线而言）一束光线穿过的隙缝越小，则衍射角就越大。这种类型的物理定律具有这种形式："在一定条件下，如果量 A 以某种方式在变化，那么量 B 也就以某种可预见的方式在变化"。换句话说，这样一条定律所表述的是一个可测定的量对另一个可测定的量的依赖性，而一个量对另一个的依赖方式是以确切的定量词句加以规定的。物理学以这种形式表述它的全部规律是非常之成功的。为了做到这一点，它的第一件任务就是把所有物理的性质都转译为定量的词句。例如，它就必须用定量的描述来代替对某种光——比如，明亮的嫩绿光——的定性描述：即，某种波长和某种强度的光。这样一种对物理性质的定量描述，显然是对因果物理规律进行定量总结的必要先决条件。这些就使我们能够解释某些事物何以发生的原因；例如，根据关于隙缝的宽度和衍射角度之间关系的定律这一前提，我们就能根据隙缝的宽度减小了这一事实而对衍射角的加大给出一种因果性的解释。

历史主义者主张，社会科学也必须试图做出因果性的解释。例如，它可以以工业的扩张来解释帝国主义。但是，如果我们考察一下这个例子，我们立刻就会看出，企图以定量的词句来表示社会学的定律乃是毫无希望的。因为如果我们考虑一下某种像是

"领土扩张的趋势随着工业化的深入而加强"（这至少是一个可理解的公式，虽然或许并**不是**对事实的正确描述）之类的公式；我们很快就会发现，我们缺少任何一种方法可以衡量扩张的趋势或工业化的深度。

反对定量—数学方法的历史主义论点可以概括为：根据诸如国家、经济体制或政府形式之类的社会实体而对历史进程中所经历的变化作出因果性的解释，乃是社会学家的任务；既然并没有已知的办法，能以定量的词句来表示这些实体的性质，所以就不可能总结出定量的规律来。因而，社会科学中的因果规律，如果有的话，其性质也必定与物理学中的大为不同，与其说是定量的与数学的，倒不如说是定性的。如果说社会学的规律能确定任何事物的程度，那么它们这样做也只能是以非常笼统的词句，并且至多也只能容许一种很粗疏的估计。

看来，似乎质量——无论物理的还是非物理的——只能是由直觉来估定。因此，我们现已讨论过的论据就可以用来支持那些已经被提出来赞成直观的理解方法的论据了。

10. 唯质主义还是唯名主义

强调社会事件的质的特征，就进一步引起了那些表明性质的术语的地位问题：即所谓**共相问题**，这是哲学中最古老而又最基本的问题之一。

这个曾在中世纪进行过大论战的问题，植根于柏拉图和亚里士多德的哲学。它通常被说成是一个纯粹形而上学的问题；然而，像大多数形而上学的问题一样，它也可以重新表述而变成了一个科学方法的问题。这里我们仅只讨论方法论的问题，并以一种介绍的方式来对这个形而上学的问题绘出一幅简单的轮廓。

每一门科学都在使用被称之为共相术语的那些术语，诸如

"能量"、"速度"、"碳"、"白"、"演化"、"正义"、"国家"、"人道",等等。这些都不同于我们称之为殊相的术语或个别的概念那类术语,像是"亚历山大大帝"、"哈雷彗星"、"第一次世界大战"。诸如此类的术语都是专有名称,是由习惯贴在它们所指示的那些个别事物之上的标签。

有关共相术语的性质,两派之间爆发过长期的、有时还是激烈的争论。一派认为,共相之不同于专有名称,仅仅在于它们是附属于单一事物的一个**集**或一个**类**的成员,而并非附属于恰好是某一个单一的事物。例如,共相术语"白",在这派看来似乎只不过是一个贴在许多不同事物的一个集群——例如雪花、桌布、天鹅——之上的标签而已。这就是**唯名论**这一派的学说。这个学说遭到在传统上称之为**唯实论**派的反对——"唯实论"这个名称有点令人误解,就像从这个理论也曾被称为"唯心论"这一事实中可以看到的。因此,我建议把这个反唯名论的理论重新命名为"唯质论"。唯质论者否认,我们是先收集到一堆单独的事物,然后再给它们贴上"白"的标签;他们说,我们倒不如说要把一件单独的白色东西叫作"白",乃是由于它和其他白的东西分享着某种内在属性,即"白性",的缘故。由共相项所表示的这种属性,就被认为是一个客体,它正像个体事物本身一样值得研究。("唯实论"这一名称源出于断言共相客体,例如白,是"实在"存在着的,它存在于个别的事物以及个别事物的集群或集体之外和之上)。这样,共相项就被认为是指共相的客体,正如单一项是指个别的事物一样。这些由共相项所指示的共相客体(柏拉图称之为"形式"或"理念")也被称为"本质"。

但是,唯质论不仅只相信共相(即共相客体)的存在而已,并且还强调它们对于科学的重要性。它指出,单个的客体表现出许多偶然的特征,是科学所不感兴趣的特征。试从社会科学里举一个例：经济学对货币与信贷感兴趣，但是它并不关心各种硬币、纸币、支票看上去的特殊样式。科学必须剥掉偶然性而深入事物的本质。但是任何事物的本质总是某种共相的东西。

最后的这些说法，就指明了这一形而上学问题的某些方法论方面的含义。然而，我现在所要讨论的方法论问题，事实上可以独立于这个形而上学的问题之外而加以思考。我们将沿着另一条道路——一条避开了共相和单个客体的存在及其区别的问题的道路——来探讨它。我们单纯讨论科学的目的和手段。

我要称之为**方法论上的唯质主义者**的那个思想家流派是由亚里士多德奠定的，他教导说，科学研究必须深入事物的本质，才能解释它们。方法论上的唯质主义者有意以"什么是物质"、"什么是力"或"什么是正义"之类的词句来概括科学问题；他们相信，对这类问题的深入的答案，就揭示出了这些词句真正的或本质的意义，从而就揭示出了它们所指的那些本质的真正的或真实的性质——这至少是科学研究的必要前提，如果不是它的主要任务的话。与此相反，**方法论上的唯名主义者**则会以"这个物质是怎样行动的"或"它在其他物体的面前是怎样运动的"之类的词句而提出他们的问题。因为方法论上的唯名主义者主张科学的任务仅是描述事物是怎样行动的；他们提出，要完成这一点，只要是需要，就可以随意引进新的术语，或者只要是方便，就可以重新规定旧的术语的意义，而可以轻松愉快地忽略它们原来的意义。因为，他们把**文字**单纯看成是有用的**描述工具**。

大多数人会承认，方法论上的唯名主义者在自然科学的领域里乃是胜利的。例如，物理学并不探究原子的或光的本质，但它以很大的自由在使用着这些术语来解释和描述某些物理学上的观察，并且也用来作为某些重要而复杂的物理结构的名称。生物学也是如此。哲学家可以要求生物学家解答"什么是生命"或"什么是演化"之类的问题，并且有时候有些生物学家也愿意去回答这些提问。然而总的说来，科学的生物学所处理的是不同的问题，并且采用的是非常类似于物理学中所使用的解释法和描述法。

这样，在社会科学中，我们就会期待着方法论上的自然主义者赞同唯名论，而反自然主义者则赞同唯质论。然而事实上，唯质论却好像在这里占有优势；它甚至于并没有遇到任何有力的反对。因此，就有人提出**自然科学的方法基本上是唯名主义的，而社会科学的方法却必须采用方法论上的唯质主义**[①]。他们论证说，社会科学的任务是理解和解释诸如国家、经济活动、社会集团等之类的社会学实体；并且只有深入它们的本质，才能做到这一点。每一种重要的社会实体，其描述都要预先设定共相项，而随意引进新术语——像是在自然科学中已经取得那么大的成功那样——是不会中肯的。社会科学的任务是要明确而恰当地描述这类实体，也就是要把本质的东西从偶然的之中区分出来；但是，这就需要有有关它们本质的知识。"什么是国家"和"什么是公民"（这被亚里士多德认为是他的《政治学》中的两个基本问题），或"什么是信贷"或"什么是教士和宗派分子（或教会和宗派）之间的本质区别"之类的问题，不但提得完全合法，而且也正好是社会学理论所打算要回答的那类问题。

尽管历史主义者在对待这一形而上学的问题的态度上以及在他们有关自然科学的方法论的意见上可以不同；但是显然的是，就有关社会科学的方法论而言，他们都会倾向于拥护唯质主义而反对唯名主义。事实上，几乎我所知道的每一位历史主义者都在采取这种态度。但是，值得考虑的是，造成这一点的究竟仅仅是历史主义之反自然主义的一般倾向呢？还是有着任何具体的历史

[①] 参见拙作《开放社会及其敌人》第3章，第6节，尤其是注30，以及第11章，第2节。

主义论证可以被鼓动来赞同方法论上的唯质主义呢？

首先，反对在社会科学中使用定量方法的论据，显然是和这个问题有关的。对社会事件的质的特性的强调以及强调直观的理解（而与单纯的描述相反），就表明了与唯质主义密切相关的一种态度。

但是，还有其他的证论是更为典型的历史主义，它们是随着一种现在即将为读者所熟悉的思想趋势而产生出来的（恰好，它们实际上就是，照亚里士多德的说法，那些导致了柏拉图发展出最初的本质理论的同样论点）。

历史主义强调变化的重要性。历史主义者可以争论说，在每一种变化中，必定有某种事物在变。即使没有任何事物是始终不变的，但是为了终究能谈到变化，我们就必须能够认同什么是已经改变了。这一点在物理学里是比较容易的。例如，在力学中，一切变化都是物体的运动，即时—空变化。但是主要是在关心着社会制度的社会学却面临着更大的困难了，因为这类制度在经历了变化之后，就不那么容易加以认同了。在简单的描述意义上，是不可能把变化**以前**的社会制度与变化**以后**的社会制度看作是同一的；从描述观点来看，它可能是完全不同的。例如，对于当代不列颠政府制度的一种自然主义的描述，很可能必须把它说成完全不同于它在四个世纪以前的那种样子。但是就存在着一个**政府**而言，我们却仍可以说，它在**本质**上还是同一个，哪怕是它可能已经大大地改变了。它在现代社会中的职能，**本质**上仍然有类似于它在当时所履行的职能。虽然几乎已没有任何一种可描述的特征仍旧是一样的，但是这个制度**本质**上的同一性还在保持着，能允许我们把一种制度看作是另一种制度的已变化了的形式。在社会科学中，我们不预先假设有一种不变的本质，因而也就是说不遵循方法论上的唯质主义，就无法谈论变化或发展。

当然，显然地像是萧条、通货膨胀、通货紧缩等之类的社会学术语，原来是以纯粹的唯名主义的方式被人采用的。但即使如此，它们也没有保留下来自己的唯名主义的特征。随着条件在改变，我们很快就发现，社会科学家对于某些现象究竟是不是真正的通货膨胀，也还有分歧的意见；因此为了精确起见，研究通货膨胀的本性（或本质意义）或许就成为必要的了。

所以，对于任何社会实体就都可以说，"就其**本质**而言，它是可以在任何其他地方并以任何其他形式而呈现的，它可以是照样在变化着而事实上却仍保持不变，也可以是以另一种不同于它实际在变化着的方式而变化"（胡塞尔）①。可能变化的范围，是不可能先验地加以限定的。要说出一种社会实体能经历什么样的变化而仍保持原样，那是不可能的事。从某些观点来看，现象可以是本质上不同的，而从另外的观点来看，则又可以是本质上相同的。

由以上所发挥的历史主义论据可见，光是描述社会发展是不可能的；或者不如说，一种社会学的描述决不可能单纯是一种唯名主义的意义上的描述。而如果说社会学的描述不能不要本质，则社会发展的理论就更不可能这样做了。因为，谁会否认，像是对于某一社会时期的特征及其张力、内在倾向和趋势的确定和解释之类的问题，必定会使以唯名主义的方法加以处理的一切企图都落空呢？

方法论上的唯质主义因而就可以奠基于历史主义的论据之上——即奠基于事实上导致柏拉图得出他的形而上学唯质主义，即变化着的事物不容加以合理的描述这一赫拉克里特的论据之上。因此，科学或知识就预先假定有某种永不变化而是与其自身始终同一的事物——即一种本质。**历史**（也就是对于变的描述）

---

① 胡塞尔（Edmund Husserl，1859—1938），德国哲学家，现代现象学创始人。——译者

和**本质**（也就是在变化中始终保持不变的东西），在这里看来就是相关的概念了。但是，这种相关性也还有着另一面：在某种意义上，本质也预先假设有变化，因此，也就是有历史。因为，如果当一件事物变化时，那条使该事物始终保持同一或不变的原则就是它的本质（或理念、或形式、或本性、或实质）；那么，事物所经历的变化就暴露出了事物（因此，也就是它的本质）的不同侧面或方面或可能性。相应地，本质也就可以解释为事物本身所固有的潜能的总和或来源；而变化（或运动）则可以解释为它的本质中隐藏着的潜能的实现或现实化（这种理论应当归之于亚里士多德）。由此可见，一件事物，亦即它那不变的本质，只有**通过它的变化**才能被人认识。例如，我们想要知道某个东西是否用金子做成的，我们就必须敲击它，或者化验它，于是就改变了它，并从而揭示了它那某些隐藏着的潜在性。同样地，一个人的本质——即他的个性——也只有通过它在他的传记中显示出来它自身时才能被人认识。把这一原理应用于社会学，我们就得出这样的结论：一个社会集体的本质或真正的本性，只有通过它的历史才能显示出来它自身并为人所认识。但是，如果社会集体只有通过它们的历史才能被人认识；那么，用以描述它们的概念就必须是历史的概念；而且确实是像日本**国家**、意大利**民族**或雅利安**种族**之类的社会学概念，只能解释为是基于历史研究之上的概念，而很难是什么别的。这对社会**阶级**来说也同样有效：例如，**资产阶级**就只能是被它的历史来加以界定的：即作为通过工业革命而当权、把地主推开并正在与无产阶级作斗争并被无产阶级所斗争等的那个阶级。

　　唯质主义可以根据它能使我们在变化着的事物之中探测出同一性这一理由而为人引用。但是，它反过来也提供了一些极其强而有力的论据来支持社会科学必须采取历史方法的这一学说，也就是说，支持历史主义的学说。

二 历史主义的拥自然主义学说

尽管历史主义基本上是反自然主义的，但它决不反对物理科学方法和社会科学方法两者有着共同的因素这一思想。这可能是由于这一事实，即历史主义者照例是采取这样一种（我也完全持有的）观点：即社会学，也像物理学一样，目的在于同时既成为**理论的**又成为**经验的**知识的一个分支。

说它是一门**理论的**学科，我们是指社会学借助于（它想要发现的）理论或普遍规律，必须能够**解释和预告**各种事件。说社会学是**经验的**，我们是指，它被经验所支持，而且它所解释和预告的事件乃是**可观察的**事实，而**观察**则是接受或否定所提出来的任何理论的根据。当我们谈到物理学中的成功时，我们想到的乃是它的预告的成功；它的预告的成功可以说和物理规律的经验确认乃是同一回事。如果我们以社会学的相对的成功和物理学的成功加以对比的话，那么我们就是在假定，社会学的成功根本上也同样地在于对预告的确认。由此可见，某些方法——借助于规律做出预告和通过观察来检验规律——就必定对物理学和社会学都是共同的。

我完全同意这种观点，尽管事实上我认为它是历史主义的基本假设之一。但是，我不同意对这个观点作更为详尽的发挥，那导致了许多我将在下面叙述的观念。乍看起来，这些观念就像是以上刚刚勾画出的那种总观点的直接推论。然而事实上，它们却包含有另外的假设，亦即包含有历史主义的反自然主义的学说；

而尤其是有关历史规律或趋势的学说。

11. 与天文学的比较 长期预报与大规模预报①

牛顿理论的成就，尤其是它那预报未来长期行星位置的能力，给予现代历史主义者以极其深刻的印象。他们宣称，由此而确立的那种**长期预报**的可能性就表明了：预言遥远未来的古老梦想，并没有超出人类心灵所能达到的限度以外。社会科学也必须追求同样的高度。如果天文学预告日月食是可能的，为什么社会学预告革命就应该是不可能的呢？

然而，历史主义者会坚持说，虽然我们应当追求那样的高目标，但我们决不可忘记，社会科学不能希望，而且它们也决不可去尝试达到天文学预报的那种精确性。有关社会事件的一份准确的科学日历，比如说可以和航海日历相比拟的，已经（在第5、第6两节中）证明了在逻辑上是不可能的。即使是革命可以被社会科学所预告，这样的预告也是不会准确的。有关它的细节和时间也必定有测不准的余地。

在承认、甚至于强调，社会学的预告在有关细节和精确性方面都有缺陷的同时，历史主义者却又认为，这类预报的气魄和意义就足以弥补这些缺点了。这些缺陷主要是出自于社会事件的复杂性，出自它们之间的相互联系，出自社会学术语的定性特点。但尽管结果是社会科学失之于模糊，它那定性术语却同时也向它提供了某种丰富性和综合性。这类术语的例子有："文化冲突"、"繁荣"、"团结"、"城市化"、"效用"等。上述的这类预告，亦即它们的模糊性被它们的范围和意义加以平衡了的长期预告，

---

① 此处插入本节的前两段，以代替1944年由于纸张匮乏而略去的较长的一段。

二 历史主义的拥自然主义学说　　31

我建议称之为"**大规模预告**"或"**大规模预报**"。根据历史主义的说法，这就是社会学所必须尝试的那种预告。

这类大规模的预报——在一个广阔领域内而且是可能有些模糊的长期预报——在某些科学中是可以达到的，这一点肯定是真的。在天文学的领域里，就可以找到大规模预告的重要的而且很成功的例子。这种例子中有以周期律（这对气候变化是重要的）或上层大气的电离层的日变化与季节变化（这对无线电通信是重要的）为基础的有关太阳黑子活动的预告。就它们都是处理比较遥远的未来事件而言，这些预告有似于日月食的预告；然而前者与后者的不同就在于，前者往往是单纯统计的，并且无论如何，在细节上、在时间的确定上和其他方面总是不太准确的。我们看到了，大规模的预告就其本身来说也许并不是行不通的；而且如果长期预报终究是社会科学可以达到的，那么十分清楚的就是，它们只能是我们所描述过的大规模预报的那种东西。另一方面，从我们对历史主义的反自然主义学说的阐释中可以得出，社会科学的**短期预告**必定要蒙受重大的不利。缺乏精确性就必定严重影响到那种预告，因为正是由于它们的本性，它们就只能是处理细节和社会生活中较小的特征，因为它们只限于短期。可是，在其细节上并不准确的一种细节预告却是十分无用的。于是，根据历史主义的说法，如果我们终究是对社会预告感兴趣的话，则大规模预报（也就是长期预报）就不仅是极其诱人的，而且实际上也是唯一值得尝试的预报。

12. 观察的基础

一门科学之非—实验性的观察基础，就这个术语的某种意义而言，在其性质上总是"历史的"，即使是对于天文学的观察基础而言也是如此。天文学所依据的事实是包含在天文台的记录里；例如，这些记录告诉我们，在某某日期（时、秒），水星被某位先生观察到在某个位置上。总之，它们给了我们一部"按时间顺序的事件注册簿"或者说一部对观察的编年史。

与此相类似，社会学的观察基础也只能是以事件，即政治的或社会的事情的编年史的形式而给定。这种社会生活中的政治事件和其他重要事情的编年史，习惯上就是人们称之为"历史"的那种东西。在这种狭义上，历史就是社会学的基础。

要否认历史在这种狭义上作为社会科学经验基础的重要性，就会是荒唐可笑的。然而，历史主义之具有特色的、与它否认实验方法的适用性紧密联系的主张之一就是，历史（政治的和社会的）乃是社会学**唯一**的经验来源。这样，历史主义者就把社会学形象化为一门理论的和经验的学科，其经验的基础是全部由历史事实的编年史所构成的，其目的则是作出预报，最好是大规模的预报。显然，**这些预报也必定有着历史的特性**，因为，它们之受经验的检验，对它们的证实或反驳，都必须有待于未来的历史。因此，进行并检验大规模的历史预报，就是历史主义所理解的那种社会学的任务。总之，历史主义者主张**社会学就是理论历史学**。

13. 社会动力学

社会科学和天文学之间的类比，还可以进一步加以发挥。历史主义者通常所考虑的那部分天文学，即天体力学，乃是以动力学，即有关由力所决定的运动理论为基础的。历史主义的作家们常常坚持，社会学应当以同样的方式，以社会动力学，即有关由社会的（或历史的）力所决定的社会运动的理论为基础。

物理学家知道，静力学仅仅是从动力学中得出的一种抽象；它好像是一种有关在某种情况下，怎样并且为什么并没有发生任

二 历史主义的拥自然主义学说

何事情,即为什么没有出现变化的理论;它是用反作用力的相等来解释这一点的。另一方面,动力学是探讨普遍情况,即探讨相等的或不相等的力;它可以说是关于某些事物是怎样和如何确实发生的理论。这样,就只有动力学才能给我们以真正的、普遍有效的力学法则;因为自然乃是过程,它在运动着、变化着、发展着——尽管有时候只是很缓慢地,以致某些发展可能难以观察到。

这一动力学的观点与历史主义者的社会学观点之间的类比是很明显的,不需要进一步说明。然而,历史主义者可能要求这一类比更深入一些。例如,他们可能提出,历史主义所构想的社会学是类似于动力学的,因为它在本质上是一种因果理论;而一般说来,因果解释就是解释某些事物是怎样和为什么发生的。基本上,这样的一种解释必定总是有着一种历史的成分。如果你问某一个折断了腿的人,它是怎样和为什么发生的,你是在指望着他告诉你这桩事故的历史。不过,即使是在理论思想的水平上,而尤其是在允许做出预告的理论水平上,对于一桩事件的原因做出历史的分析也是必要的。历史主义者会肯定说,需要有一种历史因果分析的一个典型的例子就是战争的起源或根本原因的问题。

在物理学中,这样一种分析是由确定各种相互作用的力,也就是由动力学,来达到的;历史主义者主张,社会学也应该尝试同样的工作。它必须分析产生了社会变化和创造了人类历史的各种力。根据动力学,我们得知相互作用的各种力怎样合成为新力;反过来,把各种力分解为它们的分力,我们就能深入所考虑的事件的各种更基本的原因里面去。同样地,历史主义要求承认各种历史力量——不管是精神的,还是物质的——的根本重要性,例如,宗教的或伦理的观念,或经济的利益。分析或解开各种冲突着的倾向和力量的荆棘,深入它的根底里面去,深入社会变化的普遍推动力和规律里面去——这就是历史主义所见到的社会科学的任务。只有以这种方式，我们才能发展出一种理论科学，在它的基础上进行大规模预报，而对预报的证实就意味着社会理论的成功。

14. 历史规律

我们已经看到，对于历史主义者来说，社会学就是理论历史学。它的科学预报必须以规律为基础，而既然他们是历史的预报，是社会变化的预报，所以它们就必须以历史规律为基础。

然而，同时历史主义者又主张，概括方法并不适用于社会科学，而且我们一定不可假设社会生活的一致性在时间或空间中是永远不变和有效的，因为它们通常只适用于某个文化或历史时期。这样，社会规律——假若有任何真正社会规律的话——就必定和以一致性为基础的通常概括方法有着多少不同的结构。真正的社会学规律必须是"普遍地"有效的。然而，这一点只能意味着它们适用于全部的人类历史，包括所有的时代，而非仅是其中的某一些而已。但社会一致性不可能超出个别时期之外而有效。因此，唯一普遍有效的社会规律就必定是**连接起各个相续时期**的规律。它们就必定是决定着一个时期过渡到另一个时期的**历史发展的规律**。这就是历史主义者所说的唯一真正的社会学规律乃是历史规律的意义之所在。

15. 历史预言还是社会工程学

正如以上指出，这些历史规律（如果它们能被发现的话）将会允许对甚至于是非常之遥远的事件做出预告，尽管不是对于细节上的精密准确性。因此，认为真正的社会学规律乃是历史规律的学说（一种主要地得自社会一致性的有限有效性的学说），

二 历史主义的拥自然主义学说

就脱离了与天文学相竞赛的任何企图，而回到"大规模预报"的观念上来。而且它使得这一观念更为具体，因为它表明了这些预报具有历史预言的特性。

这样，对历史主义者来说，社会学就变成了一种要解决预言未来这一古老问题的企图，而且是要预言集体和人类的未来远甚于预言个人的未来。它是一门关于未来的事物、关于行将到来的发展的科学。假如为我们提供具有科学有效性的政治先见这一企图得以实现的话；那么对于政治家，尤其是对于眼光超越于目前当务之急以外的政治家、对于具有一种历史命运感的政治家来说，社会学就会证明是具有最大价值的了。确实是有一些历史主义者满足于仅仅预告人类旅程的下一阶段，而且即使是这些也都用的是非常之审慎的词句。但是有一个观念对他们大家却是共同的——即，社会学研究应当有助于揭示政治的未来，而且社会学也就因此而能变成具有远见的实用政治学的最好的工具。

从科学的实用价值观点来看，科学预告的意义是十分清楚的。然而，人们并不总是能认识到在科学中可以区别出有两种不同的预告，因而也就有两种不同的实用方式。我们可以预告(a) 台风的到来，它可能具有最大的实用价值，因为它可以使人及时躲避；但是我们也可以预告（b）如果某个避难所要经得起台风，它就必须以某种方式建造起来，例如，在它的北面要用钢筋混凝土的扶壁。

这两种预告显然很不一样，虽然两者都很重要，并且都实现了古老的梦想。其中的一例是告诉我们一桩我们无力加以阻止的事件。我将把这样一种预告叫作"预言"（prophey）。它的实用价值就在于警告我们有那桩被预告的事件，从而我们就能够规避它或者是准备好迎接它（可能是靠别种预告的帮助）。

和这些相反的则是第二种预告，我们可以描述为**技术的预告**，因为这种预告构成**工程学**的基础。它们可以说是建设性的，

如果我们想取得某些结果，它们就会告诉我们可行的步骤。从实用观点考虑，大部分的物理学（几乎是除了天文学和气象学之外的全部物理学）都是在做着可以描述为技术预告这样一种形式的预告的。这两种预告之间的区别，大致上吻合于有关科学中所规划的实验或大或小的作用之与单纯的耐心观察相对立。典型的实验科学能够做出技术性的预告，而主要是使用非—实验性的观察的那些科学则是做出预言。

我不希望被人认为是在蕴意着：一切科学、甚而一切科学的预告，基本上都是实用的——即它们必然要么是预言的，要么是技术性的，而不可能是什么别的东西。我只是要使人注意到这两种预告和与它们相应的科学之间的区别。在选择"预言的"和"技术性的"这两个名词时，如果从实用主义的观点来看，我的确是希望提示它们所显示的特点；但我在使用这种术语，既不是想说实用主义的观点必然优越于任何其他观点，也不是想说科学的兴趣只限于在实用意义上是重要的预言和技术性的预告。例如，假如我们考察一下天文学，那么我们就必须承认，它的发现主要都是属于理论上的兴趣的，哪怕它们从实用的观点来看并不是没有价值的；但是作为"预言"，它们全都有似于气象学的预言，而气象学的预言对于实践活动的价值乃是十分明显的。

值得注意的是，科学的预言性和工程性之间的这一不同，并不相当于长期预告和短期预告之间的不同。虽然大多数工程预告是短期的，但也有长期的技术性预告，例如关于一件机器使用期限的预告。还有，天文学的预言可以是短期的，也可以是长期的，而大多数气象预言则是比较短期的。

下面将会看到，这两种实际的目的——预言与工程——之间的不同以及有关科学理论结构中的相应不同，乃是我们在方法论分析中的要点之一。目前我只想强调，历史主义者十分一贯地相信社会学的实验是无用的而又不可能的，他们在为历史的预言——关于社会的、政治的和制度的发展的预言——进行论证，并反对把社会工程当作社会科学的实际目的。而目的在于遏止或控制或加速即将到来的社会发展的社会工程学、制度设计和建设的观念，在某些历史主义者看来则是有可能的。但在另一些人看来，这似乎是一种几乎不可能实现的事业，或者是一种忽视了下述事实的事业：即政治设计，像所有的社会活动一样，必须要受到更高级的各种历史力量的支配。

16. 历史发展的理论

　　这些思考就把我们带进了我要称之为"历史主义"的那些论据的整体的核心部分；并且它们也证明了这一命名是正当的。社会科学只不过是历史学——这就是主题；然而，却并非是在对历史事实的单纯编年那种传统的意义上。历史主义者想要以之等同于社会学的那种历史学，不仅是在回顾过去，而且还在展望未来。它是对作用着的各种力量，并且首先是对社会发展的规律的研究。从而，它可以说是历史的理论或理论的历史，因为唯一普遍有效的社会规律已经被等同于历史规律了。它们必须是关于过程、变化和发展的规律，而不是关于表面上的持久性或一致性的假-规律。根据历史主义者的说法，社会学家必须努力得出社会结构的变化能与之相符的一种有关**大趋势**的观念。除此之外，他们还应该力图理解这一过程的原因、形成变化的各种力量的作用。他们必须努力总结出有关社会发展背后的总趋势的假说，以便人们从这些规律里推导出预言，使自己得以校准于即将到来的各种变化。

　　历史主义者的社会学概念可以通过追踪我已经划清了的两种不同预测之间的区别以及有关的两类科学之间的区别，而得到进一步的澄清。站在反对历史主义的方法论的立场，我们可以构想一种以**技术社会科学**为目标的方法论。这样的一种方法论会导致对于社会生活一般规律的研究，其目的在于发现所有那些对于每一个追求社会制度改革的人说来会成为其工作基础所不可或缺的事实。毫无疑问，这些事实是存在的。例如，我们知道有许多乌托邦体系，它们之所以行不通，简单地就是因为它们没有充分考虑到这些事实。我们正在考虑的技术学方法论，目的就是要提供避免这种不现实的构造的手段。它会是反—历史主义的，但决不是反－历史的。历史经验会作为一种极其重要的信息来源而为它服务。但是，它并不试图发现社会发展的规律，而是寻求对社会制度的建立在施加限制的各种规律或其他的一致性（虽则历史主义者说，这些并不存在）。

正如使用已经讨论过的那种反－论证一样，历史主义者也可以用另一种方式来质疑这样一种社会技术学的可能性和功用。他可以说，让我们假设有一位社会工程师已经研制出了一种新社会结构的一套方案，它是被你们想象中的那种社会学所支持的。我们设想，在并不与已知的社会生活的事实和规律发生冲突的意义上，这个方案是既实用而又现实的；我们甚至于假定，这个方案被另一个同等实用的、要把现社会变革成一种新结构的进一步的方案所支持。即使如此，历史主义的论证也还是能够表明，这样一种方案是不值得认真考虑的。正因为它没有估计到历史发展的规律，所以它仍然是一个不现实的和乌托邦式的梦想。社会革命并不是由合理的方案而是由社会的力量，例如由利益冲突，所造成的。有关有一个强而有力的哲人王会把某种精心思虑出来的方案付诸实施这一古老的观念，就是为维护土地占有的贵族的利益而发明出来的一种神话。这一神话的民主主义的对应词则是另一种迷信：即，有足够多的具有善意的人，就能被合理的论据所说服去采取计划中的行动。历史表明，社会现实却是完全不同的。历史发展的历程决不是被不管是多么美妙的理论构造所塑造出来

二 历史主义的拥自然主义学说

的，尽管这类规划和其他许多不那么合理的（甚至于是非常之不合理的）因素一道，起了某些影响。即使是这样一种合理的计划吻合了强而有力的集体的利益，它也决不会以它所被设想的那种方式而实现；尽管事实是，为了它的实现而进行的斗争在那时候已成为历史过程中的一个主要因素。真正的结果总是和合理的构造大不相同的。它永远是斗争中的各种力量瞬间配置的一种合力。而且在任何情况之下，合理方案的结果都不会成为一种稳定的结构；因为力量均衡是必定会变化的。一切社会工程，不管它是多么以自己的现实主义和自己的科学性自诩，都注定了依然是一种乌托邦的梦想。

就此而言，历史主义者会继续说，这一论证是针对着为某种理论社会科学所支持的社会工程学的实践可能性而发的，而并不是针对着那样一种科学观念的本身。然而，它却可以很容易加以引申，从而证明有关技术之类的任何理论社会科学都是不可能的。我们已经看到，由于非常重要的社会学事实和规律的缘故，实用工程学的冒险必然注定了是要失败的。但是这一点蕴涵着，不仅是这样一种冒险没有实用的价值，而且它在理论上也是不健全的，因为它忽视了唯一真正重要的社会规律——即发展的规律。号称是它所依据的那门"科学"也必定未能把握这些规律，因为否则的话，它就决不会为这样不现实的结构提供基础了。任何不教导合理的社会结构之不可能性的社会科学，都对社会生活中最重要的事实是完全盲目的，并且都必定会忽视具有真正有效性和真正重要性的唯一的社会规律。因此，寻求为社会工程学提供背景的社会科学，就不可能是对社会事件的真实描述。它们本身就是不可能的。

历史主义者会声称，除了这一决定性的批判之外，还有另一些反驳技术社会学的理由。例如，一个理由是，这种社会学忽视了诸如创新性的出现之类的社会发展方面。我们能够在一个科学的基础之上合理地建造起新的社会结构这一观念,就蕴涵着我们可以或多或少地以我们所设计的方式来实现一个新的社会时期。然而,如果这个方案是以一门包罗有各种社会事实的科学为基础的话,那么它就不能阐明内在的新特征,而只能是阐明新的安排(参见第3节)。但是我们知道,一个新时代是具有它自己内在的创新性的——这一论据就必定要使得任何详细的计划都落空,并且使得任何根据它所建立的科学都不真实。

这些历史主义的考虑可以适用于所有的社会科学,包括经济学在内。因此,经济学就不能向我们提供任何有关社会改革的有价值的报道。只有假-经济学才力求为合理的经济计划提供一个背景。真正科学的经济学只能是有助于揭示贯穿着各个不同历史时期的经济发展的推动力。它也许还能帮助我们预见未来时期的轮廓,但是它并不能有助于我们为任何新的时期而制定任何详细的计划并付诸实施。凡是对其他社会科学有效的,也必定对经济学有效。它的终极目标只能是"揭示人类社会运动的经济规律"①(马克思)。

17. 解释社会变化还是规划社会变化

对社会发展的历史主义观点,并不蕴涵着定命论,也并不必需导致无为——而是完全相反。大多数历史主义者都具有显著的"行动主义"的倾向(参见第1节)。历史主义充分承认,我们的愿望和思想、我们的梦想和我们的推理、我们的恐惧和我们的知识、我们的利益和我们的能力都是社会发展的力量。它并不教

---

① 这句话在《马克思恩格斯全集》中未能找到,疑为马克思《资本论》中"本书的最终目的就是揭示现代社会的经济运动规律"这句话之误引(见《资本论》第一卷,人民出版社1975年版,第11页)。——译者

二 历史主义的拥自然主义学说

导说，什么都不能被人实现；它只是预告：无论你的梦想还是你的理性所构造的东西，都决不会**按照计划**实现。只有那些适合于历史主流的方案才能够起作用。我们现在就可以确切看到，历史主义者所承认的是合理的那类活动。只有那类能适合并能促进即将临头的变化的活动才是合理的。社会助产术乃是向我们开放的唯一完全合理的活动，是唯一能基于科学预见之上的活动。

尽管像这样的科学推理并不能直接鼓励活动（它只能把某些活动当作是不现实的而不加以鼓励），它却可以蕴涵着对那些感到自己应当做某些事的人们予以鼓舞。历史主义就确切地提供了这种鼓舞。它甚至于派给人类理性有一席用武之地，因为它是科学的推理，是历史主义的社会科学；唯有它才能告诉我们任何合理的活动所必定采取的方向，假如它要吻合行将到来的变化的方向的话。

这样，历史预言和历史观就必定成为任何一种深思熟虑的而又现实的社会行动的基础。因此之故，历史观就必定成为历史主义思想的中心工作；而且事实上也已经是如此。历史主义者的全部思想和全部行动，其目的都在于解释过去，以便预告未来。

历史主义能不能给那些想见到一个更好的世界的人们提供希望和鼓励呢？只有一个对社会发展抱有一种乐观的观点——即在它是内在地趋向于一种更美好的和更合理的事物状态那种意义上，相信它是内在地"美好的"或"合理的"——的历史主义者，才能提供这种希望。但是，这一观点就等于是一种对社会的和政治的奇迹的信仰，因为**它否认人类的理性具有造就一个更合理的世界的能力**。事实上，某些有影响的历史主义作家曾经乐观地预言过自由王国的到来，人类事物在其中能够合理地加以规划。他们教导说，由目前人类遭受苦难的必然王国向着自由与理性的王国的过渡，并不能靠理性来实现，而——奇迹般地——唯有靠严峻的必然性，靠那种在劝导我们要屈服的盲目而又无情的历史发展的规律。

至于那些愿望在社会生活中增加理性影响的人,他们只能由历史主义劝导去研究和解释历史,以便发现历史发展的规律。如果这种解释揭示出响应他们愿望的那些变化行将到来,那么那种愿望就是一种合理的愿望,因为它和科学的预告相一致。如果行将到来的发展恰好趋向于另一个方向,那么那种要使世界更加合理的愿望就成为完全不合理的了;这时对于历史主义者来说,它就只不过是一场乌托邦的春梦罢了。行动主义只有当它默认行将到来的变化并能促进它们的时候,才能被证明是正当的。

我已经表明,历史主义眼中的那种自然主义的方法蕴涵着一种确切的社会学的理论——即社会并不会发生显著的发展或变化的理论。现在我们就发现,历史主义的方法蕴涵着一种出奇相似的社会学理论——这一理论是:社会必然要变化,但却是沿着一条不能改变的前定的道路、是通过被无情的必然性所前定的各个阶段在变化的。

"当一个社会发现了决定它自身运动的自然规律时,即使是它这时既不能越过自己演变的各个自然阶段,也不能把它们从世界上一笔勾销。但是它对此却有许多事情可做;它可以缩短和减轻分娩的阵痛。"马克思总结出的这个公式,[①]极为出色地表现了历史主义的立场。虽然它既未教导无为、也未教导真正的定命论,但是历史主义却教导说,任何改变行将到来的变化的企图都是枉然的;这仿佛是定命论的一种特殊的变种、一种有关历史趋势的定命论。"哲学家们只是用不同的方式**解释**世界,而问题在

---

① 《资本论·序言》。(马克思的原话是:"一个社会即使探索到了本身运动的自然规律——本书的最终目的就是揭示现代社会的经济运动规律——它还是既不能跳过也不能用法令取消自然的发展阶段。但是它能缩短和减轻分娩的痛苦。"见《资本论》第一卷,人民出版社 1975 年版,第 11 页。——译者)

于**改变**世界"① 这一公认的"行动主义"的格言,由于它强调改变,而可以在历史主义者那里找到很多的同情(有鉴于"世界"在这里是指发展中的人类社会)。但是,它却与历史主义最重要的学说相冲突。因为正如我们现在看到的,我们可以说:"历史主义者只能以各种方式**解释**和协助社会的发展;然而他的要点却在于**没有人能够改变它**。"

18. 本分析的结论

或许有人感到,我最后的总结偏离了我所声明的意图:即,在着手批判历史主义之前,要尽可能尖锐地和令人信服地勾绘出历史主义的立场来。因为这些总结力图要表明,某些历史主义者的乐观主义或行动主义的倾向,已经被历史主义的分析的结果本身所挫败了。这似乎是蕴涵着指责历史主义不能一贯。并且还可以反驳说,让批判和讽刺钻进阐述里来是不公正的。

然而,我不认为这种责备是不公正的。只有那些首先是乐观主义者或行动主义者、然后是历史主义者的人,才可能把我的说法在相反的意义上当作是批判性的(会有许多人感觉是这样:即那些原来是由于他们倾向于乐观主义而被吸引到历史主义方面来的人)。但是,对那些首先就是历史主义者的人,我的说法应当看来并不是对他们的历史主义学说的批判,而只是对想把它和乐观主义或行动主义联系在一起的这一企图的批判。

确实,并非一切行动主义的形式都是这样地被批判为与历史主义不相容,而仅只是它的某些过分的形式。一个纯粹的历史主

---

① 这一格言也是出自马克思(《关于费尔巴哈的提纲》),见以上第1节末尾原注。(见《马克思恩格斯全集》第三卷,人民出版社1960年版,第6页。——译者)

义者会争辩说,与自然主义的方法相比较,历史主义由于强调变化、进程和运动而的确是在鼓励着行动;然而,它肯定不会盲目地支持一切行动,把它们都认作从科学观点看来是合理的;有许多可能的行动都是不现实的,它们的失败是科学可以预见的。他会说,这就是何以他和其他历史主义者要对可以认为是有用的行动的范围加以限制的原因,以及何以对任何清晰的有关历史主义的分析来说,都要强调这些限制乃是必要的原因。他们可以争辩说,那两段马克思的引言(见上一节)并不互相矛盾,而是互相补充的;虽然第二段(即更早的一段)就其本身看来,或许可能显得有点太"行动主义"了,但它的恰当的限度是被第一段所规定了的;而且假如第二段迎合了过分激进的行动主义者的口味并影响他们接受了历史主义的话,那么第一段就应当是已经教给了他们任何活动所固有的限度,哪怕是由此而可能转变了他们的同情。

由于这些理由,看来似乎我的论述并不是不公平的,然而它却只不过弄清楚了有关行动主义的根据。同样地,我并不认为我在上一节中的另一种说法——大意是说,历史主义的乐观主义必须只能是依赖信仰,(因为理性已被否认能起到实现一个更合理的世界的作用)——就要被认为是一种对历史主义不利的批判。它对那些首先是乐观主义者或理性主义者的人,才会显得是对抗的。但是始终一贯的历史主义者在这一分析中则只看到了一种有用的警告,要它反对通常形式的乐观主义和悲观主义这两者的以及理性主义的浪漫的和空想的特性。他将坚持说,真正科学的历史主义必须与这些因素无关;而且我们就得必须服从现存的发展规律,正像我们必须服从引力定律一样。

历史主义者甚至可以走得更远。他可以补充说,应当采取的最合理的态度就是要这样**调整一个人自己的价值体系,从而使它能符合行将到来的变化**。如果做到了这一点,一个人就达到了一种可以被证明为正当的乐观主义形式；因为那时候，如果从那个价值体系来判断的话，任何变化就必然都是一场越变越好的变化。

这种观念的确曾经为某些历史主义者所持有，并且甚至于曾经发展为一种相当一贯（而且非常流行）的历史主义的道德理论；即道德上的善就是在道德上进步的，亦即道德上的善就是走在它那时代的前面而与即将到来的时期所要采取的行为标准相符合的东西。

这种历史主义的道德理论可以说成是"道德现代主义"或者"道德未来主义"（它的对应部分就是美学上的现代主义或未来主义），它很好地配合了历史主义的反-保守态度；它也可以被认为是对某些有关价值的问题的一个答案（参见第6节，论《客观性和评价》）。首先，它可以看作是标志着：历史主义——在本书中，它仅只是就其作为一种有关方法的学说而加以认真考虑的——是可以被发挥和发展成为一种规模完整的哲学体系的。或者，换一种说法，历史主义的方法是可以作为对于世界的一种总的哲学解释的一部分而产生的——这似乎并非不可能。因为毫无疑问的是，从历史的、尽管不是从逻辑的观点来看，方法论通常都是哲学观点的副产品。我打算在别的地方考察那些历史主义的哲学。① 在这里，我将仅仅批判以上所论述的历史主义的方法论学说。

---

① 本书写完后，《开放社会及其敌人》已出版（伦敦，1945；修订版，普林斯顿，1950，伦敦，1952，1957；第4版，伦敦，1961）。这里我特别是指该书的第22章，题目是"历史主义的道德理论"。

三 反自然主义学说批判

19. 本批判的实际目的

究竟科学研究的真正动力是求知,也就是说纯理论的或"无用的"好奇心呢,还是我们应该把科学不如理解为是一种解决在生存斗争之中所出现的实际问题的工具呢——这是一个没有必要在这里加以解答的问题。我们将要承认的是,为"纯粹的"或"基础的"研究权利而辩护的人,在他们反对一种狭隘的而又不幸是很行时的观点——即认为科学研究只有当它被证明是一笔健全的投资时,才能被证明是有理的这一观点——的斗争中,值得人们全力支持。[1] 但即使是这种有点极端的观点(我本人是倾向于它的),即科学最重要之点乃是作为人类所曾知道的最伟大的精神探险之一,也可以和我们承认实际问题的重要性与对科学(无论是应用的还是纯粹的)发展的实际检验的重要性结合起来;因为实践对于科学思索的价值是无法

---

① 这是一个老问题。甚至柏拉图有时也攻击"纯粹的"研究。至于为它的辩护,见 T. H. 赫胥黎(T. H. Huxley)的《科学与文化》(1882)第 19 页及其以下;以及 M. 波朗伊(M. Polanyi),《经济》(*Economica*)(复刊)第 8 卷(1941)第 428 页及其以下。[除了此处引用的各书之外,还可参见凡勃伦(Veblen)*的《科学在现代文明中的地位》第 7 页以下]。

* 凡勃伦(Veblen, Thorstein Bunde, 1857—1929),美国经济学家。——译者

估计的，它既是马刺，又是马缰。人们无须信奉实用主义才能欣赏康德的话："屈服于好奇心的每一种念头，让我们的探索热情除了自己能力的局限而外并不受任何事物的束缚，这一点就表现了一种与**学术研究**相称的心灵的渴望。但是在所呈现出来的无数问题之中，要选择出那些其解答对于人类是具有重要意义的，却只有**智慧**才能有此优点了。"① 这一点之能应用于生物科学，或者甚至于更能应用于社会科学，是很清楚的。巴斯德对生物科学的改革，就是在高度现实问题——那有一部分是工业的和农业的——的刺激之下做出来的。而今天，社会研究具有的实际迫切性，甚至超过了对癌症研究的迫切性。正如哈耶克教授所说的："经济分析从来就不是对于社会现象的**原因**的单纯智力好奇心的产物，而是一种强烈要求重建一个引起了人们深刻不满的世界的结果。"② 在经济学以外，某些还不曾采用这一观点的社会科学，也以它们结果的空虚而表明了它们的思考是何等之迫切地需要有实际的检验。

当我们考虑对科学研究方法的探索时，而尤其是我们这里所涉及的**概括的或理论的社会科学方法**时，就需要有实际问题的刺激，这也是同样明显的。关于方法问题较有成果的论辩，总是由研究工作者所面临的某些实际问题所激发起来的；凡不是这样激发起来的有关方法的论辩，几乎全都具有那种徒劳无益的微妙气氛的特色，这便使得方法论在实际研究工作者看来声名狼藉。应当认识到，比较实际的那种有关方法论的论辩，不仅是有用的，而且是必要的。在方法的、正如在科学本身的发展和改进上，我们只有通过尝试和错误而学习；而为了发现自己的错误，我们就

---

① 康德：《一个通灵者的梦》第二部分，第 3 章 [E. 加西勒（E. Cassirer）编《全集》第 2 卷，第 385 页]。
② 见《经济》(*Economica*)，第 13 卷 (1933)，第 122 页。

需要有别人的批评；因为新方法的引用可能意味着一种带有根本的革命性的变化，所以这种批评就更加重要。这一切都可以由在经济学中之引用数学方法，或在价值理论中之引用所谓"主观的"或"心理学的"方法之类的例子而加以阐明。更晚近的一个例子是这一理论的方法与统计方法（"需求分析"）的结合。这最近一次的方法革命，部分地是漫长的、大体上是批评性的论辩的结果；从这个事实里，方法研究的辩护者们肯定可以得到鼓励。

有许多历史主义的追随者都提倡对社会科学及其方法的研究采取实用的道路，他们希望他们能够使用历史主义的方法把社会科学转化为政治家手里的一种强大有力的工具。正是这种对社会科学的实际任务的承认，就提供了历史主义者和他们某些对手们之间进行讨论的一个共同基础。而我本人也准备足于这一共同基础之上，从而批评历史主义乃是一种**贫困的方法**，是不可能得出它所许诺的结果的。

20. 社会学的技术学方法

尽管在这一研究里，我的主题是历史主义，是我所并不同意的一种方法的学说，而不是我以为是已经成功的、而其进一步的更自觉的发展是我要加以推荐的那些方法；但是先来简短地讨论一下成功的方法还是有益的。这样可以向读者表白我自己的偏见，并澄清我的批判的基础观点。为了方便起见，我把这些方法名之为"**零碎技术学**"（piecemeal technology）。

"社会技术学"这个名词（而尤其是下一节所要介绍的"社会工程学"那个名词）[①] 可能会引起疑问，并把那些由它联想到

[①] 对这个术语的辩护，见本书第59页注释①。

集体主义的计划者们的、甚或"技术治国主义者们"的"社会蓝图"的人们都排斥在外。我认识到有这种危险,所以我加上了"零碎"这个名词,既用以抵消不愿意要的联想,又用以表示我的信心:即"零碎修补学"(就像它有时候被称为的那样)和批判的分析相结合,乃是通向在社会科学中以及在自然科学中取得实际成果的主要道路。社会科学已经通过对社会改进的建议进行批判,或者更精确地说,已经通过各种尝试来寻找某种特殊的经济或政治行动是否会产生一种所预期的或者所愿望的结果,而获得了很大的发展。① 这种路数的确可以称之为古典的路数,乃是我在提到社会科学的技术学路数或"零碎社会技术学"时,我心目之中所具有的东西。

社会科学领域里的技术学问题,可以具有"私"的或者是"公"的性质。例如,对企业管理的技术的研究或关于改善工作条件对于产量的效用的研究,就属于第一类。对监狱改革的或普及健康保险的,对以法庭手段来稳定物价的或对采用新进口税的等,比如说,对于收入平衡的作用进行研究,就属于第二类;今天某些最迫切的实际问题也属于这一类,诸如,控制商业循环的可能性或者在国家管理生产的意义上,集中化的"计划"是否与对政府有效的民主控制相矛盾,以及怎样向中东输出民主,等等。

这种强调实用技术学的研究路数,并不意味着应当排除任何可能从分析实际问题中而产生的理论问题。相反地,我的一个主要论点是,技术学的研究路数对于产生纯理论性的重要问题这一点上,很可能会证明是富于成果的。但是,除了在选择问题的基

---

① 可比较 F. A. 哈耶克,《经济》(*Economica*)第 13 卷(1933)第 123 页:"……经济学的发展,主要乃是对前后相继的乌托邦建议进行考察和反驳的结果……"

本任务上有助于我们而外，技术学的研究途径还对我们的思辨倾向（特别是在社会学本身的范围内，它很容易把我们引入形而上学的领域）加上了一条纪律；因为它迫使我们以我们的理论服从于明确的标准，诸如明晰性的标准和实际中可检验性的标准。我的关于技术学研究途径的论点或许可以这样说：社会学（甚而也许是一般的社会科学）应当寻求的，确乎不是"它自己的牛顿或它自己的达尔文"①，而不如说是它自己的伽利略或它自己的巴斯德。

这一点以及我在此前引用的社会科学方法和自然科学方法之间的类比，可能会像我们选择"社会技术学"和"社会工程学"（尽管有着由"零碎"一词所表示的重要限定）之类的术语一样地激起人们的反对。所以，我最好还是说，我充分欣赏反对教条式的方法论上的自然主义或"唯科学主义"（用哈耶克教授的术语）进行斗争的重要性。然而，我看不出，我们为什么不应当就其有成果而言而使用这种类比，哪怕我们承认它在某些地方是很糟糕地被人滥用了和歪曲了。此外，除了表明这些教条式的自然主义者所攻击的某些方法基本上恰好是自然科学中所使用的同一种方法而外，我们也几乎拿不出什么更有力的论据来反对他们。

有一种反对我们称之为技术学的探讨途径的意见，表面上看来是很有道理的，它蕴涵着对社会秩序采取一种"行动主义的"态度（参见第1节），从而它就很易于使我们抱有偏见来反对反干涉主义的或"消极主义"的观点——那种观点是说，如果我

---

① 见 M. 金斯堡（M. Ginsberg）*《人类事务》（*Human Affairs*）[卡特尔（R. B. Cattell）等编] 第180页。不过，我们必须承认，数理经济学的成功表明至少已有一门社会科学经历了它的牛顿式的革命。

* M. 金斯堡（M. Ginsberg, 1889—?），英国社会学家。——译者

三 反自然主义学说批判

们对社会的或经济的现状不满,那是因为我们并不懂得它们是怎样在工作的,以及何以积极的干预只能是把事情弄得更糟。这里我必须承认,我确实是对这种"消极主义"的观点无法同情;我甚至于相信,一种**普遍的**反干涉主义的政策是站不住脚的——哪怕是根据纯粹逻辑的理由;因为它的支持者们必然会提出目的在于防止干涉的政治干涉来。然而,这样的技术学探讨途径本身在这个问题上却是中立的(正像它确实应当是的那样),而且决不是与反干涉主义不相容的。相反地,我认为反干涉主义也包含有一种技术学的探讨途径。因为,断言干涉主义使得事情恶化,也就是说某些政治行动不会产生某种效果——即不是所愿望的效果;而任何技术学的最有特色的任务之一,就是要**指出什么是不可能成就的**。

这一点值得我们加以更仔细地考察。正如我在别处已经指明过的①,每一条自然规律都可以表现为断言**如此这般的一种事物是不可能发生的**;那就是说,表现为一句这样谚语式的话:"你不能用竹篮打水"。例如,能量守恒定律可以表述为:"你不可能造出永动机";而熵定律可以表述为:"你不可能造成一架百分之百有效的机器"。这种总结自然规律的方式,就是一种显示它们的技术意义的方式;因此,它可以称之为自然规律的"技术学的形式"。如果我们现在从这个角度来考虑反干涉主义,那么我们立刻就会看出,它也很可以表述为下述形式的语句:"你不可能得到如此这般的结果",或者"你不可能达成如此这般的目的,而又没有如此这般相伴随的效果"。但是这一点就表明了,反干涉主义可以称之为一种典型的**技术学说**。

---

① 见我的《科学发现的逻辑》(1959)第 15 节("被否定的存在性命题")。可以以这个理论和穆勒的《逻辑》第 5 卷第 5 章第 2 节相对照。

当然，它并不是社会科学领域里的唯一的学说。相反地，我们的分析意义就在于，事实上它是把注意力集中到自然科学和社会科学真正基本上的相似之点上的。我的心目中是指，类似于自然科学的规律或假说的社会学的规律或假说是存在的。由于这类社会学规律或假说（并不是所谓的"历史规律"）的存在往往被人怀疑，① 所以我现在就举一些例子："你不能征收农业税而同时又降低生活费用"——"在一个工业社会里，你不能像组织某些生产者的压力集团那样有效地组织起消费者的压力集团。"——"你不能有一个集中计划的社会，而同时又采用一种履行着竞争价格的主要职能的价格体系。"——"你不能没有通货膨胀而实现充分就业。"另外一组例子可以选自权力政治的领域："你不能引入一种政治改革而又不引起一些从改革的目的看来是不可愿望的反响"（因此就要提防这些反响）——"你不能实行一种政治改革而又不把反对势力强化到大致和改革的范围成比例的地步。"（这可以说是"利益总是和现状联系在一起的"这句话的技术学上的推论）——"你不能进行革命而不引起反作用。"在这些例子之上，我们可以再补充两条，它们可以分别称之为"柏拉图的革命定律"（见《国家篇》第 8 卷）和"阿克顿爵士（Lord Acton）② 的腐化定律"："如果统治阶级并没有被内部纷争或战争失败而削弱，你就不可能进行一场成功的革命"；"你不可能给一个人以统治别人的权力而又不诱惑他去滥用它——这种诱惑大致随着所运用

---

① 例如，见柯恩*（M. R. Cohen）《理性与自然》第 356 页以下。原文中的例子看来是反驳这种特殊的反自然主义观点的。
　　* 柯恩（M. R. Cohen, 1880—1947），美国哲学家。——译者
② 阿克顿爵士（John Emerich Edward Dalberg Acton, 1834—1902），即阿德哈姆男爵（Baron of Alderham），英国历史学家。——译者

的权力的数量而增长，而这种诱惑是很少有人能抗拒的"。①关于可以用于支持这些假说——对它们的总结肯定还留有很大的改进余地——的那些证据的力量，这里并没有假设任何东西。它们仅只是零碎技术学所可能打算讨论并加以充实的那类陈述的例证罢了。

---

① 弗里德里希（C. J. Friedrich）在他那非常有趣的而且部分地是技术性的《立宪政府和政治》（1937）一书中讨论这一"腐化定律"时，有一个相似的总结。他说到这个定律是"所有的自然科学都无法夸耀自己有任何一个'假说'是能有同等的重要性的"（第7页）。我不怀疑它的重要性，但是我认为在自然科学中，我们可以发现有无数同等重要的定律，只要我们肯在更平凡的、而不是在更抽象的定律里去寻找它们。（考虑一下，人不吃饭就不能生存或者脊椎动物有雌雄两性这类的定律。）弗里德里希教授坚持反自然主义的论点，认为"社会科学不能从运用自然科学方法中得到好处"（上引书，第4页）。但是，另一方面，他又试图把他的政治学理论建立在一些假说之上。以下几节（上引书，第14页以下）可以给出这些假说的特性："赞同与约束都是一种生命力，即繁殖能力"，它们在一起就决定了"政治形势的紧张程度"。而且既然"这种紧张程度是由赞同或约束，或者这二者的绝对数量所决定的，所以它或许可以极其容易地由这两种力——赞同和约束——的平行四边形的对角线来表示。在那种情况下，它的数值将等于赞同与约束的数值的平方之和的平方根"。这种把毕达哥拉斯定理应用于模糊得无法测定的"力"的平行四边形（我们并没有被告知何以它应该是直角的）上面的企图，在我看来并不是一种反自然主义的、倒恰好是那种自然主义或"唯科学主义"的例子。我承认，社会科学是无法从其中受益的。应该注意到，这些"假说"几乎是不能以技术的形式来表示的，而例如其重要性是被弗里德里希很公正地强调过的那条"腐化定律"却是可以这样表示的。

关于这种"唯科学主义"的观点——即可以根据"力的平行四边形"来理解政治理论的问题——的历史背景，请参见我的《开放社会及其敌人》一书（修订版）第7章，注释2。

21. 零碎工程学还是空想工程学

不管"工程学"一词常使人有厌恶的联想，[①] 我将使用"零碎社会工程学"这个术语来描述零碎技术学成果的实际应用。这个术语是有用的，因为需要有一个术语来包括公共的和私人的社会活动，它为了实现某一目标或目的而在自觉地使用一切可利用的技术知识。[②] 在**目**的是超出技术学的范围以外这一点上，零碎社会工程学类似于物理工程学（关于目的，技术学所能说的一切就是，它们究竟是否相互适合或能否实现）。在这一点上，它不同于历史主义，后者是把人类活动的目的看作有赖于历史力量的，所以就是在它的领域之内的。

正如物理工程师的主要任务是设计机器并改进和检修机器一样，零碎社会工程师的任务就是设计社会制度并重建和运转现有的社会制度。这里，"社会制度"这个名词是用之于非常广泛的意义上的，既包括公共性质的制度，也包括私人性质的制度。这样，我就用它来描述一项事业，不管是一家小商店、还是一家保

---

① 哈耶克教授在反对使用"社会工程学"（在"零碎"的意义上）这个术语时，他反驳了典型的工程学工作把一切有关的知识都集中在一个人的头脑里；而对一切真正的社会问题具有典型意义的，却是必须使用不能这样加以集中的知识。（见哈耶克《集体主义的经济计划》，1935，第210页）。我承认这个事实具有根本的重要性。它可以用技术学的假说总结如下："你不可能在一个计划的权威之内，集中一切有关满足个人需要或利用专门技能之类的任务的知识。"（关于把与相似的任务有关的首创性都集中起来的不可能性，也可以提出类似的假说）。现在为了使用"社会工程学"这个名词而辩护，就可以指出，工程师必须使用在这些假说中所体现的技术知识，它就会告诉他，他那首创性的以及他的知识的局限性。又可参见本书第118页注释①。

② 正如前注中所解释的，其中也包括关于知识局限性的知识，假若那是可能获得的话。

险公司，以及同样地，不管是一所学校、还是一种"教育制度"，是一支警察部队、还是一所教堂或一个法院。零碎技术家或工程师承认，**只有少数社会制度是自觉地设计的，而大多数却只是作为非人类行为所设计的结果而成长的。**① 然而，不管这个重要的事实会给他以多么强烈的印象，作为一个技术专家或工程师，他将从一种"功能的"或"工具的"观点来看待它们的。② 他将把它们看作是达到某些目的的手段，或者是可以转化为某些目的服务；只是作为机器，而不是作为有机体。当然，这并不意味着他会忽视制度与物理仪器之间的根本不同。正相反，技术专家应当研究它们之间的相同之点与不同之点，而以假说的形式来表述自己的研究结果。而且的确，以技术学的形式总结出有关制度的假说并不困难，就像是如下的例子所表明的："你不可能建立起傻瓜都能不出错的制度来，也就是说，建立那种其功能大体上并不有赖于人的制度；制度最好也只能是减少人的因素的不可靠性，办法就是靠帮助那些为了制度所设计的目的而工作的人们，而成

---

① 这两种观点——即社会制度乃是"设计出来"的或者社会制度只是"生长起来"的——就相应于社会契约的理论家的观点和他们的批评家的观点，例如，休谟的。但是休谟并未放弃有关社会制度的"功能的"或"工具主义的"观点；因为他说，人类不能没有这些制度。这一立场可以加工成为一种对非设计的制度（例如语言）的工具特征的达尔文式的解释：即，如果它们没有有用的功能，它们就没有机会保留下来。根据这一观点，非设计的社会制度就可以呈现为**理性行动的非意料的后果**，正像是一条路可以在无意之中形成那样——人们发现踏着已有的足迹是方便的，于是就形成了路（正像是笛卡尔所观察到的）。然而，几乎无需强调说，技术学的方法是与一切"起源"的问题全然无关的。

② 关于"功能的"方法，见马林诺夫斯基＊（B. Malinowski）的著作，例如《人类事务》[卡特尔（Cattell）编]中的"作为社会科学基础的人类学"，尤其是第 206 页以下，以及第 239 页以下。

　　＊ 马林诺夫斯基（B. Malinowski, 1884—1942），英国社会人类学家。——译者

功则大部分要依赖他们的个人首创性和知识。(制度就好像是要塞。它们必须好好设计,**而且人员配备适当**)。"①

这就是零碎工程师特征的研究途径。即使他也许在热爱着某种把社会当作"一个整体"的理想——也许那是社会的普遍幸福——但他却不会相信从总体上来重新设计社会的方法的。不管他的目的是什么,他都在试图通过可以不断改进的小调整和再调整而达到目的。他的目的可能有各种各样,例如,某些个人或某些集团的财富或权力的积累或者财富和权力的分配,或者对个人的或集团的某些"权利"的保护,等等。这样,公共的或政治的社会工程就可以有着极为不同的倾向——极权主义的以及自由主义的。[在《自由主义的日程》的题目下,华尔特·李普曼(W. Lippmann)②制订了对零碎改革有着深远影响的自由主义纲领的范例。③]零碎工程师像是苏格拉底一样,知道他自己知道得是多么少。他知道,我们只能从我们的错误之中学习。因此,他将一步一步地前进,小心翼翼地在比较着所预期的结果和所取得的结果,经常在提防着任何改革都不可避免的而又不情愿的后果;而且他要避免从事那些改革,它们

---

① 这个例子声称制度"机器"的效能是有限的,以及制度的功能有赖于适当的人员配备;这或许可以和热力学的原理进行比较,例如能量守恒定律,(以它排除了永动机的可能性的那种形式)。它这样就可以和其他唯科学主义的企图相对比而在物理学的能量概念和一些社会学概念(诸如权力)之间研究出一种类比象;例如,在伯特兰·罗素的《权力》一书(1938)第10页以下,那里就做了这种唯科学主义的尝试。我并不认为罗素的主要观点——即各种"权力的形式",诸如财富、宣传家的权力以及赤裸裸的权力,有时可以互相"转化"——是可以用技术学的形式来表示的。

② 华尔特·李普曼(Walter Lippmann, 1889—1974),美国报纸专栏作家和政论家。——译者

③ 李普曼的《美好的社会》(1937)第11章,第203页以下。又见赫特(W. H. Hutt)的《重建计划》(1943)。

三 反自然主义学说批判

那复杂性和范围使得他不可能分清原因和结果以及自己真正是在做什么。

这样的"零碎修补学"并不符合许多"行动主义者"的政治气质。他们的纲领曾被人称之为是一种"社会工程学"的纲领,也可以叫作"总体论的"或"空想的工程学"。

与零碎社会工程相反,总体论的或空想的社会工程从来就不是一种"私人的"、而总是一种"公共的"性质。它的目的在于按照一种明确的计划或蓝图重行塑造"社会整体";它的目的在于"掌握关键的位置"①并扩大"国家的权力……直到国家几乎变得等同于社会";②不止于此,它的目的还在于从那些"关键的位置上"来控制在塑造发展中社会的未来的各种历史势力,或者是通过遏阻这种发展,或者是通过预见到它的进程并对准它而调整社会。

考虑到我们并没有限定零碎研究途径的范围,人们也许会疑问,这里所描述的零碎的与总体论的研究途径是否有根本的不同。就这里所理解的这种研究途径而论,比如说,宪法改革就很可以归入它的范围;我也并不排除这一可能性,即一系列的零碎改革可以被一个普遍的趋势,例如收入上更大的平均化的趋势,所激发起来。零碎方法以这种方式可以导致通常被称之为"社会的阶级结构"的那种东西的变更。人们也许会问,在这些野心更大的零碎工程学和总体论的或空想的研究途径二者之间,有

---

① 在他的《重建时代的人与社会》一书中曼海姆*(K. Mannhein)就常常使用这种表达方式;见他的索引以及例如第 269、295、320、381 页。这部书是我所知道对总体论和历史主义纲领的最精致的阐述,因此这里选出以供批判。

* 曼海姆(K. Mannhein,1893—1947),德国社会学家。——译者

② 见曼海姆上引书第 337 页。这一段在本书第 23 节引用得更完整,在那里也是供批判之用的(见本书第 109 页注释④)。

没有任何差别?如果在试图估计某种计划中的改革的可能后果时,我们考虑到零碎技术专家必定会尽力估量任何措施对社会"整体"的作用时,那么这个问题就会变得更为中肯了。

在回答这个问题时,我并不打算在这两种方法之间划出一条精确的分界线,但我将努力得出总体论者和零碎技术专家看待改革社会的任务时之非常不同的观点。总体论者否定零碎的研究途径,认为它过于审慎。然而,他们对它的否定并不很符合自己的实践;因为他们在实践上,总是求助于一种本质上是零碎方法的运用,但又没有它那谨慎的和自我批评的性质,故而多少是有点混乱、笨拙,尽管是雄心勃勃的而又无情的。原因就在于,在实践上,总体论方法已证明是不可能的;总体变化的企图越大,则非它们所愿望的而且大部分是出乎意料的反响也就越大,并且还把零碎**拼凑**的权宜之计强加到总体论工程师的身上。其实,这种权宜之计所具有的集中化的或集体主义计划的特征,更多于小心翼翼的零碎干预的特征;而且,它继续不断地引导着空想的工程师去做他并不打算做的事情;那就是说,它导致了那种声名狼藉的**没有计划过的计划**的现象。因此,在实践上,空想工程学和零碎工程学之间的区别,就变成了更多地是在警惕与准备着不可避免的意外这方面,而不是在规模和范围那方面了。人们也可以说,这两种**方法**的不同事实上是在别的方面,而不是在规模与范围上——即与我们被引导要期待的东西正相反,假如我们比较了两种有关合理的社会改革的恰当方法的**学说**的话。在这两种学说中,我认为其中一种是真确的,另一种则是谬误的,并且容易导致原本是可以避免的严重错误。在这两种方法中,我认为其中一种是可能的,另一种则根本并不存在:它是不可能的。

因此,空想的或总体论的研究途径和零碎的研究途径之间的区别之一,就可以这样来表述:对于改革的范围,零碎工程师能够以开放的心灵来解决他的问题,而总体论者却做不到这一点;

因为他事先就断定了整个重建乃是可能的,而且是必要的。这一事实有着影响深远的后果。它使空想主义者对于说明制度控制的局限性的某些社会学假设抱有偏见;例如,本节上面所提到的那种说明由于个人要素,即"人的因素",而产生不确定性的假设。通过先验地否定这类假设,空想的研究途径就破坏了科学方法的原则。另一方面,和人的因素的不确定性相关的问题,就必定迫使空想主义者——不管他们是否愿意——力图用制度的手段去控制人的因素,而且要扩展他自己的纲领,以便不仅包括有按计划的社会改造,而且也包括有人的改造。① "因此,政治问题就是以这样一种方式**组织人类的冲动**,使他们把自己的精力投到正确的战略要点上去,并把全体发展过程驶向所愿望的方向。"用心良苦的空想主义者们似乎是遗漏了一点,即这一纲领蕴涵着承认失败,甚至于是在他开始实行它之前。因为它以我们去"塑造"那些男人和女人以适合他的新社会这一要求,代替了他之要求我们去建立一个适合于男人和女人生活于其中的新社会。显然,这就取消了检验新社会的成功或失败的任何可能性了。因为,那些不喜欢生活于其中的人,于是就只好承认他们自己还没有适合生活于其中,他们的"人的冲动"还需要进一步的"组织化"。但是,没有进行检验的可能性,任何正在使用"科学"方法的说法就都会烟消云散。总体论的研究途径是与真正的科学态度不相容的。

空想主义的工程学并非本书的一个主要论题。但是有两个说明何以它要和历史主义放在一起的理由,是在以下三节中加以考察。首先,因为在集体主义(或集中化)计划的名称之下,它是一种非常流行的、而"零碎技术学"和"零碎工程学"又必

---

① "人的改造问题"是曼海姆的《人与社会》一书中一章的标题。下文引自该章第 199 页以下。

须鲜明地与之相区别开来的学说。其次,因为空想主义不仅在它对零碎的研究途径的敌视方面有似于历史主义,而且还频繁地和历史主义的思想体系协力合作。

22. 与空想主义的不神圣的同盟

在我称之为"零碎技术学"与"历史主义"的两种方法论的研究途径之间存在着对立,这一点穆勒已经清楚地认识到了。他写道:①"有两种社会学的探讨","第一种里面所提出的问题是,……例如,在目前的社会状况下,采用普选制……的结果会是什么?……但是也还有第二种探讨,……在这里,问题并不是在某种社会状态中一个给定的原因的结果将会是什么,而是一般地产生了……社会状态("社会状态"四字原文大写——译者)的原因是什么?"考虑到穆勒的"社会状态"恰好相当于我们所称之为的"历史时期";很显然,他的"两种社会学探讨"之间的区别就相当于我们的零碎技术学的研究途径和历史主义的研究途径之间的区别。如果我们更紧密地追随着穆勒对"第二种社会学探讨"的描述,这一点就更加清楚了。(在孔德②的影响之下)他宣称第二种要比第一种更为优越,并且他把它说成是在运用他所称之为的"历史方法"。

正如以前已经表明过的那样(在第1、第17和第18三节中),历史主义并不反对"行动主义"。历史主义的社会学,甚至可能解释为是一种可以有助于(像马克思所说的)"缩短和减轻"新历史时代的"分娩阵痛"的技术学。而且的确,在穆勒对历史方法的描述里,我们可以发现这一观念是以一种与马克思

---

① 见穆勒的《逻辑学》第6卷第10章第1节。
② 孔德(August Comte,1798—1857),法国哲学家。——译者

的方式惊人地相类似的方式加以总结的①:"现在所论述的这一方法,乃是一种必须通过它来……探求社会进步……的规律的方法。靠了它的帮助,我们以后就不仅可以成功地展望遥远的人类未来的历史,而且可以成功地决定什么样的人工手段能够用来……加速那个自然过程,只要它是有益的。②……这样的以思辨社会学的最高分支为基础的实用教诲,将形成政治艺术("政治艺术"四字原文大写——译者)最高贵的和最有益的部分。"

正如本节所指出的,标志着我的研究途径和历史主义者的研究途径之间的不同的,与其说是由于它是一种技术学这一事实,倒不如说是由于它是**一种零碎**技术学这一事实。就历史主义是技术性的而言,它的研究途径并不是零碎的,而是"总体论的"。

当穆勒解释他所指的"社会状态"(或历史时期)是什么时,那就非常清楚地表明他的途径是总体论的;他写道:"被称之为社会状态的,乃是全部较重大的社会事实或现象的同时性的状态。"这些事实之中的例子有:"工业的以及财富及其分配的状态";社会之"划分为阶级以及那些阶级彼此之间的关系;他们所信奉的共同信仰……;他们的政府形式以及他们那些较重要的法律和习惯"。概括起来,穆勒论述的社会状态,其特征如下:"社会状态就像……物理结构中的不同时代;它们并不是一种或少数几种器官或机能的条件,而是**整个有机体**的条件。"③

正是这种总体论才最彻底地区别开了历史主义和任何一种零

---

① 《逻辑学》,第6卷第10章第8节。马克思与之平行的一节(本书第17节引文)引自他的《资本论》第一版序言。
② 这段话表明,穆勒的功利主义阻止了他把"有益的"定义为"进步的"的同义语;也就是说,尽管有着他的进步主义,他还是不主张斯宾塞和恩格斯[以及今天的魏丁顿(C. H. Waddington),见他的《科学与伦理学》]所发挥的那类历史主义的道德理论(可比较第19节)。
③ 穆勒,前引书,第2节(黑体字是我的)。

碎工程学,并使它自己和某些类型的总体论的或空想的社会工程学的联盟成为可能。

这的确是一个有点奇怪的联盟;因为只要我们把社会工程学理解为按计划来建立社会制度,那么正如我们所看到的(第15节),历史主义者的研究途径和社会工程师或技术专家的研究途径之间就有着一种确切无疑的冲突。从历史主义的观点看来,历史主义的研究途径之激烈地反对任何一种社会工程学,就正如气象学家的研究途径之反对降雨术士的研究途径;因此之故,社会工程学、甚至于零碎研究途径就被历史主义者抨击为空想的。①尽管这样,我们却发现历史主义仍然十分经常地恰好是与这些成其为典型的总体论的或空想的社会工程的观念结成联盟的,诸如"新秩序的蓝图"或"集中化的计划"之类的观念。

这种联盟有两位突出的代表,他们是柏拉图和马克思。柏拉图是个悲观主义者,他相信一切变化或者几乎是一切变化,都是衰颓;这就是他的历史发展规律。因而,他的乌托邦蓝图就旨在扼止一切变化。② 它在今天就会被称为"静态的"。另一方面,马克思是一个乐观主义者,而且可能是(像斯宾塞③那样)一个历史主义的道德理论的拥护者。因而,他的乌托邦蓝图就是一种发展着的或"动态的"而非一种被扼制的社会的蓝图。他预告了而且力图积极在推进一个以不知道有政治的或经济的强制为其极致的理想的乌托邦的发展:国家自行消亡了,每个人都各尽所能,自由地在合作,而他的一切需要都会得到满足。

历史主义和空想主义之间的联盟的最强因素,无疑地是双方所共有的总体论的研究途径。历史主义感兴趣的并不是社会生活

---

① 见以上第15—17节,尤其见恩格斯的《社会主义从空想到科学的发展》。
② 在《开放社会及其敌人》一书里,我对这一点作了充分的讨论。
③ 斯宾塞(Herbert Spencer, 1820—1903),英国社会学家。——译者

各个方面的、而只是"社会作为一个整体"的发展；而空想工程学也是同样地总体论的。双方都忽视了将在下一节里要确定的一个重要事实——那个事实就是，在这种意义上的"整体"决不能够成为科学探讨的对象。双方都不满意于"零敲碎补"和"弥缝苟且"，他们希望采取更激进的方法。而且，历史主义者和空想主义者好像都对变化着的社会环境这一经验（常常是令人害怕的、有时还被描写成"社会崩溃"的经验）有着深刻印象，并且有时候甚至于深感惶惑。因而，他们双方都试图使这种变化合理化，一个是预言社会发展的进程，另一个则坚持说，变化应当严格地而完全地加以控制、甚至于应当全盘加以遏止。控制必须是全面的，因为在不是如此加以控制的社会生活的任何一个部门，都可能潜伏着有造成不可预见的变化的危险力量。

  历史主义者和空想主义者之间的另一条纽带是，双方都相信他们的目标或目的并不是一个抉择的问题或道德决定的问题，而是可以就在他们的探讨领域之内科学地被人发现的。（在这一点上，他们之不同于零碎技术专家和工程师，正有如不同于物理工程师一样）。历史主义者和空想主义者都相信，他们能够发现"社会"的真正目标或目的是什么；例如，通过确定它的历史趋势，或者通过诊断出"他们时代的需要"。这样，他们就都易于采纳一种历史主义的道德理论（见第18节）。所以这就并非偶然：大多数宣扬乌托邦"计划"的作家们告诉我们说，由于是历史前进的方向，所以计划就是无可避免的；并且我们必须做出计划来，不管我们愿意与否。[①]

[①] 例如，见曼海姆《人与社会》第6页（和其他许多地方）；那里告诉我们说，"在计划和不计划"之间已不存在任何选择，存在的只是"好计划和坏计划"之间的选择；或见 F. 兹维格（F. Zweig）的《自由社会的计划》（1942）第30页，他回答计划的社会好还是无计划的社会好这个问题时说，根本就不发生这个问题，因为它已经被现代历史发展的方向为我们解决了。

这些作家们以同样的历史主义的调子在谴责他们的对手思想落后，并相信他们的主要任务就是要"打破旧的思想习惯，并找出理解变化着的世界的新钥匙"①。他们断言，社会变化的趋势"是不可能成功地加以影响或甚至扭转的"，除非是我们放弃零碎的研究途径，或者说"弥缝苟且的精神"。但是我们可以疑问，那种新的"计划层次上的思想"② 究竟是否真的像它所被设想的那么新颖，因为总体论似乎一直都是从柏拉图以来的颇为古老的思想的特征。我个人相信，有很多很好的例子可以提出来支持这一观点：即，总体论的思维方式（不管是关于"社会"的，还是关于"自然"的）远不是代表思想发展史上的高水平或晚期阶段，而是一种前科学阶段的特征。

23. 总体论批判

已经表明了我自己的偏见，并已经勾绘出既是作为我的批判又是作为以零碎研究途径为一方、以历史主义和空想主义为另一方两者之间的对立的那种观点的基础之后，现在我就来着手进行我的主要任务，即审查历史主义的学说。我要从对总体论作一番简短的批判而开始，因为这一点现在已经证明了是我所要加以攻击的那种理论中最有决定意义的主张之一。

---

① 曼海姆上引书，第33页；以下引自同书，第7页。
② 和孔德一样，曼海姆也把思想的发展分为三个"层次"：(1) 试错或机遇发现；(2) 发明；(3) 计划（上引书，第150页以下）。我非常不同意他的学说，(1) 中的试错方法在我看来要比其他的任何一个"层次"更接近于科学的方法。——认为社会科学的总体论方法是前科学的方法的另一条理由是，它含有完美主义（perfectionism）的要素。然而，我们一旦认识到，我们并不能在地上造出天堂，而只能是**一点点**地改进事物，那么我们也就认识到，我们就只能是**一点一点**地改进它们。

在近来总体论的文献中,"整体"一词的用法有着一种根本性的含糊不清。它用来指:(a)一个事物的全部性质或方面的总和,尤其它那各个组成部分之间的全部关系的总和;(b)所讨论的事物的某些特定的性质或方面,亦即使它呈现为一个有组织的结构而不是一堆"单纯的杂凑"的那些性质或方面。在意义(b)上的整体已经被当作科学研究的对象,特别是被所谓"**格式塔**"("完形"Gestalt)① 心理学学派当作了科学研究的对象;的确,我们没有道理不去研究诸如结构的规则性(例如,对称)之类的方面,它们是可以在有机体、电场或机器之类的某些事物中找到的。可以说,具有这种结构的事物,像是**格式塔**(完形)理论所说的,并不只是聚合体而已——即"并不只是它们各个部分的单纯总和而已"。

格式塔(完形)理论的任何一个例子都可以用来表明,意义(b)上的整体与意义(a)上的整体大不相同。如果我们和**格式塔**(完形)理论家一起,认为一曲旋律不只是各个音节的单纯集合或序列而已;那么,我们选择出来加以考察的就是这一声音序列中的**一个方面**。这是一个能够清楚地与其他方面区别开来的方面,诸如第一音的绝对音高,或者全部音的平均绝对强度。而且还有另一些"**格式塔**"(完形)方面要比旋律的那些方面,例如旋律的节奏,甚至更加抽象;因为,由于考察节奏,我们甚至会忽略对于旋律是十分重要的相对音高。由于这样而成为有选择性的,于是对一种"**格式塔**"(完形)的研究以及和它一道对任何意义(b)上的整体的研究,就截然有别于对整体的研究,即对意义(a)上的全体的研究。

因此,对意义(b)上的全体可以进行科学研究这一事实,

---

① "格式塔"是德文 Gestalt 的音译,意谓组织结构或整体。格式塔心理学学派又译完形心理学学派。——译者

就决不可用来论证一种全然不同的主张,即意义(a)上的全体也可以如此加以研究。后一主张是必须加以摒弃的。如果我们要研究一桩事物,我们就只能选择它的某些方面。我们不可能观察或描述整个世界或自然的全貌;事实上,即使是最小的全貌也不可能如此来描述;因为一切描述都必然是有选择性的。① 甚至可以说,意义(a)上的全体决不能成为任何活动的对象,不管是科学的、还是什么别的。如果我们取一个有机体,把它移置到另外一个地方,那么我们就是在把它当作一个物理体在处理,而忽略了它的许多其他方面。如果我们杀死它,那么我们就毁坏了它的某些性质,但决非全部的性质。事实上,我们不可能毁坏它的性质的全体以及它各部分之间的全部相互关系的整体;哪怕我们粉碎它,烧毁它。

全体意义上的整体不可能当作科学研究的对象或者任何其他活动的对象,例如控制或重建的对象;但是这个事实却好像被总体论者遗漏了,甚至他们中间那些通常承认科学是有选择性的人也如此。② 他们从不怀疑有科学地把握社会整体(在全体的意义上)的可能性,因为他们信赖**格式塔**(完形)心理学的先例。他们相信,**格式塔**(完形)研究途径和对意义(a)上的社会整体——即把握"一个时代全部社会事件和历史事件

---

① 龚培尔茨(H. Gomperz)《世界观讲义》11/1(1908)第63页中指出,对世界上的一个小部件,例如一只麻雀惊慌地鼓翼,就可以有如下很不相同的描述,每一种都相应于它的一个不同的方面:"这只鸟在飞!"——"一只麻雀过去了!"——"看,这是一只动物!"——"这里有东西在动。"——"能量正在这里转化。"——"这不是一个永动的例子。"——"可怜的东西被吓坏了!"很清楚,要填满这样一张单子决不是科学的任务,因为它必然是无限的——哈耶克在《伦理学》第54卷(1943)注释5中勾绘了一种对总体论的批判,很类似于本文此处所展开的这一批判。
② 曼海姆把选择性的或抽象的科学描述为(上引书,第167页)"所有力求精确的科学所必须经过的一个阶段"。

的结构"——的处理方法二者之间的区别,仅只在于这一事实,即一种"**格式塔**"(完形)可以由直接的直觉知觉加以掌握,而社会整体却"错综复杂得不能一眼就理解";所以它们"只能是经过长期的思索而逐步加以把握,而在思索过程中,一切因素都要加以注意、比较和结合"。① 简单地说,总体论者并不懂得"**格式塔**"(完形)的知觉与意义(a)上的整体简直毫无关系,一切知识,不管是直观的还是推论的,都必定属于抽象方面;而我们绝不可能把握"社会现实本身的具体结构"。② 由于忽视了这一点,他们就坚持说,专家对"细节"的研究必须由一种其目的在于重建"整个过程"的"集成的"或"综合的"方法来补充;他们断言,"只要专家们拒绝把他们的问题看作整体,社会学就将继续忽视根本的问题"③。但是这种总体论的方法,必然始终只是一个单纯的纲领而已。从来没有人举出过任何对完全而具体的社会情况做出科学描述的例子。它是不可能被举出的,因为在每一种这类的事例里,总是很容易指出某些被忽略了的方面,然而那些方面在这种或那种脉络之中很可能是极为重要的。

然而,总体论者不仅计划着用一种不可能的方法来研究整个社会,他们还计划着"作为一个整体"来控制和重建我们的社

---

① 以下三段引文可与曼海姆的上引书第 184 页相比较;又见第 170 页的注释和第 230 页。

② 上引书,第 230 页。认为我们可以获得一种有关"实在的本身"的具体知识的学说,众所周知,乃是在技术上可以被描述为"神秘主义"的那种东西的一部分;要求"整体"的喧哗声也是如此。

③ 见上引书,例如第 26 页和第 32 页。我对总体论的批判并不意味着我反对要求各个不同科学部门之间的合作。尤其是,当我们面临着一个通过这种合作可以促进解决一个明确的零碎问题时,谁也不会梦想要反对它。然而,这与通过系统综合或某种这类的方法去把握具体整体的计划是大为不同的另一回事。

会。他们预言说,"国家权力必定会增大,直到国家几乎等同于全社会为止"。① 这段引文所表现的直观性是再清楚不过的。它是一种极权主义的直观性。② 然而,除了传达这种直观性之外,这个预言还意味着什么呢?当然,"社会"这个词囊括了全部的社会关系,也包括全部的个人关系在内,其中有一个母亲对自己孩子的关系,正像是同样也有一个儿童福利的官员同这两者中任何一个的关系。由于许多理由,要想控制所有的或"几乎"所有的这些关系乃是完全不可能的。哪怕仅仅是因为随着对社会关系的每一种新控制,我们就创造出了一大批有待控制的新社会关系。总之,这种不可能性乃是一种逻辑上的不可能性。③（这一企图就导致一种无限的倒退;其处境有似于企图**研究**社会整体的那种情况。）然而,毫无疑问,空想主义者就恰好在计划着要实行不可能的事;因为他们告诉我们,除了其他事情而外,甚至于还可能用一种更现实主义的方法去"塑造个人之间的联系"。④（当然,没有人怀疑,与意义（a）上的整体相反,意义（b）上的整体是能够被塑造或者被控制或者甚至被创造出来的;比如说,我们可以创作出来一曲旋律,不过,这和空想主义对总体控制的梦想完全无关。）

关于空想主义,就谈这些。就历史主义而论,其处境也是同样地无望。历史主义的总体论者往往隐含地在主张,历史方

---

① 见上引书第337页,以及本书第100页注释①。
② 所引的公式几乎和 C. 施密特* （C. Schmitt）的完全一样。
　　* C. 施密特（Carl Schmitt, 1888—?）,德国公法学家和政治学家。——译者
③ 总体论者可能希望以否认逻辑的有效性来摆脱这个困难,他们认为,逻辑已经被辩证法所取代了。我在"辩证法是什么?"[《心灵》（Mind）第49卷（复刊）第403页以下] 中曾试图防止这种办法。
④ 见曼海姆上引书,第202页。应该提到,目前有一种心理学上的总体论在教育理论家中间是很流行的。

法是适合于处理总体（totalities）意义上的整体的。① 但是这个主张却以一种误解为基础。它产生于两种信念的结合：一种是正确的信念，认为历史学与理论科学相反，它关心的是具体的个别的事件与个别人物，而不关心抽象的一般规律；另一种是错误的信念，认为历史学所关心的"具体的"的个体可以等同于意义（a）上的"具体"整体。但这是不可能的，因为历史学，也像其他任何一种研究一样，只能是选择它所感兴趣的对象的某些方面加以探讨。他们错误地相信：可以有一种总体论意义上的历史学，有一种关于"社会状态"（"社会状态"四字原文大写——译者）的历史学，它代表着"整个的社会有机体"或者"一个时代全部的社会历史事件"。这种观念出自把**人类历史**当作是一条巨大的、包罗万象的发展河流的那种直觉观点。但是，这样一部历史是写不出来的。任何一部写了出来的历史都是这个"总体"发展中的某个狭隘方面的历史，而且甚至于就在那个所选的特殊的、不完全的方面，也总是一部很不完备的历史。

空想主义的和历史主义的总体论倾向就统一于下面一段典型的陈述之中："我们从来不曾有必要像今天我们被迫对社会所做的那样，要去完整地建立起并指导着一整套自然体系；**因此之故**，我们从来也不曾有必要深入到自然界的个体世界的历史与结构中去。人类总是倾向于……规范其整个的社会生活，尽管人们从未打算过创造出第二个自然界……"② 这一论述就说明了一种

---

① 历史学的对象乃是"具体的个别整体"，无论那是人，或是事，或是时代；这种学说特别得到特勒尔奇（Troeltsch）*的宣扬，曼海姆是一贯在认定它的真确性的。

　　* 特勒尔奇（Ernst Troeltsch, 1865—1923），德国历史学家和社会学家。——译者

② 见曼海姆上引书，第175页以下（黑体字是我的）。

错误的信念,即如果我们希望像总体论者那样来对待完整的"整个自然体系",那么采用历史方法将会是有帮助的。但是采用了这种方法的自然科学,例如地质学,却还远没有把握住它们那主题的"整套体系"。这一陈述还说明了另一种不正确的观点,即我们有可能"建立"或"指导"或"调整"或"创造"意义(a)上的整体。"我们从不曾有必要建立和指导整个自然体系"之所以肯定是对的,只是因为我们甚至于不能够建立和指导"整体"意义上的任何一件物理仪器。这种事情是做不到的。它们都是乌托邦的梦想或者是误解。告诉我们说,我们今天要**被迫**去做一件在逻辑上不可能的事,亦即要建立和指导整个社会体系并规划全部的社会生活,那就纯粹是以使空想的计划成为不可避免的那些"历史力量"和"迫在眉睫的发展"来吓唬我们的一种典型企图了。

附带要说到,以上所引的陈述是很有意思的,它可以作为是对于一件非常之重要的事实的一种认可,即对于总体论工程学或相应的"科学"并不存在任何物理学上的类比。因此,寻求自然科学与社会科学之间的类比,对于澄清这里的这个问题肯定是会有帮助的。

这就是总体论的逻辑地位,我们被鼓励要在这块岩石之上建立起一个新世界。

有一种批判性的评论可以加之于意义(b)上的整体之上,它是我已经承认了有科学地位的。我无须撤销已说过的任何东西,但我必须指出,说整体不止于是它的各个部分的总和这一陈述,其烦琐性以及空洞性似乎很少为人们所认识。即使一个盘子里有三个苹果也不仅止于是"一种单纯的总和"而已——就它们之间必定还存在着某些关系而言(最大的一个可以是、也可以不是位于其他两个的中间,等等):这些关系并不是随着有三个苹果这一事实而来的,并且它们是可以科学地加以研究的。此外，被大肆宣扬的"原子论式的"方法与**格式塔**"（完形）方法二者之间的对立也是毫无根据的，至少是就原子物理学而言；因为原子物理学并不是单纯地把它的基本粒子"加在一起"而已，而是从一个极其明确的、有关意义（b）上的整体的观点来研究粒子**体系**的。①

大多数**格式塔**（完形）理论家显然都想断言的是"堆"（heaps）与"整体"（wholes）这两种事物的存在；在"堆"里面，我们不能分辨出任何秩序来，而在"整体"中，却可以发现有一种秩序或对称或规则性或体系或构造计划。因此，像是"有机体乃是整体"这样一个语句，就把自己归结为在一个有机体中我们可以分辨出来某种秩序的那类烦琐性了。此外，一个所谓的"堆"，照例也总有其**格式塔**（完形）的方面，正如通常引用的电场的例子那样。（让我们考虑一下一堆石头里压力增加的那种常规的方式）。所以，这一区别不仅是烦琐的，而且是极其空洞的；它并不适用于不同种类的事物，而仅适用于同一事物的不同方面。

24. 社会实验的总体论理论

总体论的思维表现在它对历史主义的社会实验理论（见以上第2节的阐述）的影响上，是特别有害的。虽然零敲碎打的工艺学家会赞同历史主义的观点，即大规模的或总体论的社会实

---

① 例如，见波利*（Pauli）的不相容原理——对于社会科学家，劳动竞争和劳动分工这类观念会使得这一点十分清楚：即，一种"原子论的"或"个人主义的"方法决不会妨碍我们认识到，每一个个体都是和所有其他个体相互作用的。（在心理学中，情形就不同了，因为原子论在那里似乎是不适用的——尽管许多人想应用它）。

* 波利（Wolfgang Pauli, 1900—1958），奥地利物理学家。——译者

验即使终究行得通，也极其不适合于科学的目的；但他们会强烈反对为历史主义和空想主义所共有的这一假设，即为了成为现实主义的，社会实验就必须具有空想主义要重行塑造整个社会的那种企图的特征。

从讨论对这种空想主义纲领的一种十分明显的反驳来开始我们的批判，将会是很方便的；那种反驳是说，我们并不据有进行这样一桩事业所必需的实验知识。物理工程师的蓝图是以实验工艺学为基础的，他的行动所依靠的全部原则都要通过实际实验的检验。但是，社会工程师的总体论蓝图却并非基于任何一种可加以比较的实际经验。这样，号称物理工程学和总体论社会工程学之间的类比就站不住了；总体论的计划就被恰当地形容为"空想的"，因为它的各种计划根本就没有任何科学的基础。

面对着这种批判，空想主义的工程师很可能承认需要有实际经验以及实验工艺学。然而，他会声称，如果我们害怕去进行社会实验，或者说——那在他们的眼里是同一件事——害怕总体论的工程学，那么我们对这些事情就会永远一无所知。他会争论说，我们必须从运用我们所具有的知识而开始，不管那知识是多是少。如果说今天我们对飞机设计有某种知识的话，那只是由于某个并不具有这种知识的先驱者敢于设计出飞机并且付之于实验。这样，空想主义者甚至于会争辩说，他们所提倡的总体论方法就正好是以实验方法应用之于社会。因为他和历史主义者一样地都在主张，小规模的实验，例如在一个工厂或一个村庄、甚至在一个地区进行社会主义实验，会是完全得不出定论的；这种孤立的"鲁滨逊·克罗索式的实验"① 并不

---

① "鲁滨逊·克罗索式的实验"——指孤立于外部环境的实验。鲁滨逊·克罗索是英国作家笛福的长篇小说《鲁滨逊飘流记》（1719 年）中的主人公，因所乘船只失事，在荒岛上单独创造生活条件，度过了 28 年。——译者

会告诉我们有关现代"大社会"中社会生活的任何东西。他们甚至于配得上"空想的"这个绰号——在这个词包含着对历史趋势的忽视那种（马克思主义的）意义上。（在这个例子中，那含义是指社会生活中不断增长的相互依赖性的趋势被忽视了）。

我们知道，空想主义与历史主义的这一见解是一致的，即它们都认为**只要是按照总体论规模来进行，社会实验（如果真有这样一种东西的话）就可以是有价值的**。这个广泛为人所持有的偏见包括着一种信仰，即在社会领域里，我们很少能处于进行"计划中的实验"的地位，而且为了说明在这个领域内所已经进行过的"偶然实验"的结果，我们就只好是求助于**历史**了。①

对于这一观点，我有两点反驳：（a）它忽视了对于一切社会知识——前-科学的以及科学的——来说都是基础性的那些**零碎的试验**，（b）**总体论的实验**不大可能对我们的实验知识做出多大贡献；它们可以叫作"实验"，但只是把这个词当作一个**其结果并不确定的行为**的同义语那种意义上，而不是在这个词用于指**通过比较所取得的结果与所预期的结果来获得知识的手段**那种意义上。

就（a）来说，可以指出，我们所拥有的大量社会生活的实验知识这一事实，总体论的社会实验观点并没有加以解释。一个有经验的企业家和一个没有经验的企业家之间存在着差别，在组织者或政治家或将军之间也是如此。这是他们社会经验方面的一种差别，那不只是在通过观察或反思他们所曾观察到的

---

① 这也是穆勒的观点。在谈到社会实验时，他说，"我们显然决没有尝试任何社会实验的能力。我们仅仅能够观察那些由自然所产生的事物，……历史上所记载的各种现象的相续……"（见《逻辑》，第6卷第7章第2节）。

事物而取得的经验方面,而且还在通过努力要达到某种实际目的而取得的经验方面。必须承认,以这种方式所获得的知识通常都属于前-科学的知识,因而比起通过仔细设计的科学实验所获得的知识来,就更像是通过偶然观察而得到的知识。但是,这一点并不成为否认所论述的知识是基于实验之上、而不是基于单纯观察之上的理由。一个开了一座新店的食品商就是在进行一项社会实验;甚至于一个在戏院门前排队的人也获得了他可以利用来为自己下次预订座位的实验技术知识,那也是一项社会实验。我们不应当忘记,只有实际经验才教给了市场上的买主与卖主这样的一课:供给增加,价格就会降低;而需求增加,价格就会上涨。

规模再大一些的零碎实验的例子还有:一个垄断者改变其产品价格的决定;一家私人的或公共的保险公司对一种新型的保健或就业保险办法的采用;或者新的销售税的实施;或者一种防止景气循环的政策的实行。所有这些实验与其说是为了科学的目的,还不如说是为了实践的目的而进行的。而且,某些大公司所进行的实验,其目的更多地乃是在于有意增进他们的市场知识(当然是为了在以后的阶段增加利润),而不在于马上就增加利润。① 这种情况十分类似于物理工程学的情况和前-科学的方法;我们有关造船或航海术之类的事物的技术知识,最初就是使

---

① 西德尼和碧阿特丽斯·韦伯*(Sidney and Beatrice Webb)《社会研究方法》(1932)第221页以下给出了一些类似的社会实验的例子。然而,他们并没有区分在这里被称为"零碎的"与"总体论的"两种实验。尽管他们对实验方法的批判(见第226页"效果的混淆")作为对总体论的实验(这好像是他们赞赏的)的一种批判,是特别有说服力的。而且,他们的批判是和我认为是无效的那种"变异性的论据"结合在一起的;见以下第25节。

* 西德尼和碧阿特丽斯·韦伯,即韦伯夫妇。S. J. 韦伯(Sidney James Webb, 1859—1947),英国历史学家和经济学家;其妻 B. P. 韦伯(Beatrice Potter Webb, 1858—1943),英国费边社会主义理论家。——译者

用前-科学的方法取得的。似乎并没有理由说，这些方法就不应当继续加以改进并最终代之以一种更有科学精神的技术学，也就是说，代之以一种同样方向的、既基于批判的思想又基于实验之上的更为系统的研究方法。

根据这一零碎观点，前-科学的与科学的实验研究方法二者之间并没有截然的区别，尽管科学研究方法亦即批判的研究方法，越来越受到自觉的运用，具有极其重要的意义。基本上，两种研究方法都可以描述为是试验与错误（trail and error）的方法。我们在试；也就是说，我们不仅是记录下来观察，而且还积极试图解决某些或多或少是实际的而又明确的问题。如果（并且只有是）我们准备**从错误中学习**的话，我们就会取得进步；要认识自己的错误，要批判地利用它们而不是教条式地坚持它们。虽然这种分析可能听起来微不足道，但是我相信，它描述了一切实验科学的方法。我们越是自由地并有意识地准备去冒试验之险，越是批判地注视着我们总是在犯的错误；这种方法就将具有越来越大的科学性。这个公式不仅包含着实验方法，而且也包含着理论和实验之间的关系。一切理论都是试验，它们都是试探性的假说，试图看看究竟它们是否能成立；而一切实验的确证都无非是以批判的精神、以力图发现我们的理论错误在什么地方来进行的检验的结果。①

对零碎技术学家或工程师来说，这些观点就意味着：如果他要想在社会研究与政治学中引用科学方法的话，那么最为需要的

---

① 在我的《科学发现的逻辑》一书中可以看到我就这里指出的线索对现代物理学的方法所做的更充分的分析；又见"什么是辩证法？"［《心灵》（Mind）第 49 卷，第 403 页以下］。例如，又见廷贝根*（Tinbergen）的《景气循环理论的统计测验》，第 2 卷，第 21 页："模式的创立……是……一个试错问题"，等等。

* 廷贝根（Jan Tinbergen, 1903—?），荷兰经济学家。——译者

就是要采取一种批判的态度；并且要认识到，不仅实验是必要的，而且错误也是必要的。他必须学会不仅是预料到有错误，而且还要自觉地去寻求错误。我们都有着一种非科学的弱点，即自认为一贯正确；而这一弱点在职业的和业余的政治家中似乎特别普遍。但是在政治中，运用科学方法之类的东西唯一的一条路就是从这一假设入手，即没有一桩政治行动是没有挫折的、是没有并非所愿的后果的。注意这些错误，发现它们、揭示它们、分析它们，从它们之中吸取教训，这就是一个科学的政治家、也是一个政治科学家所必须做的工作。政治中的科学方法就意味着，说服自己相信自己并没有犯任何错误、忽视错误、隐瞒错误、把错误推诿给别人的这样一种伟大的艺术，要被另一种接受对错误的责任、努力从错误中吸取教训，以便我们可以在将来避免错误这样的一种更伟大的艺术所代替。

现在我们就转到（b）点上来，即批判这一观点：我们可以向总体论的实验学习，或者更精确地说，可以向趋向于总体论的梦想（因为，正如我在前一节中所表明的，在它们重行塑造"整个社会"那种彻底意义上的总体论的实验，在逻辑上乃是不可能的）那种规模上所实行的措施学习。我们的主要之点是十分简单的：对于我们自己的错误采取批判态度已经是够难的了，而要对我们牵涉许多人的生命在内的那些错误坚持批判的态度则几乎是不可能的事。换一种说法，要从重大的错误中吸取教训乃是十分艰难的。

这一点的理由是双重的，它们既是技术性的，也是道德性的。因为，同时既做出了那么多的事，所以就不可能说哪一个个别的措施要对某一种后果负责；或者不如说，如果我们的确要把某一后果归之于某一措施的话，那么我们就只能是根据此前获得的某种理论知识、而并不是根据所探讨的总体论实验才能够做得到。这种实验并没有帮助我们把特殊的后果归因于特殊的措施；

我们所能做的一切就只是把"全部后果"都归因于它；不管这一点意味着什么，要做出估价来肯定是很困难的。即使尽最大的努力要对这些结果得出一种信息良好的、独立的而且是批判性的陈述来，也不大可能会成功。但是，要进行这类努力的机会却被人忽略了；相反地，最有可能的倒是任何有关总体论的计划及其后果的自由讨论是不会为人容忍的。原因是，每一种想推行很大规模的规划的尝试，委婉些说，都是一种必定会给许多人、并且是在相当长的时间内造成很大不便的事情。因而，总有一种趋势要反对这种计划并且抱怨它。对其中许多抱怨，乌托邦工程师就必须置若罔闻，如果他们希望终究要达到某一步的话；事实上，他们工作的一部分就是要压制不合理的反对意见。但是，他们也就必定随之而照例要压制合理的批评。而且单纯是对不满的表示必须加以制止的这一事实，也会把甚至于最热烈的满意表示贬低到无足轻重的地步。这样，也就很难确定那个计划在个别的公民身上究竟反响如何的事实了；而没有这些事实，科学的批判就是不可能的。

但是，总体论计划与科学方法相结合的困难性，要比以上所曾指出过的更加根本得多。集中权力是容易的，但要集中分散在许多个人的心灵里的全部知识则是不可能的，而这种知识的集中却又为明智地运用集中的权力所必需；然而总体论计划者却忽视了这一事实。① 可是这个事实有着影响深远的后果。他既然不能确定那么多的个人的心灵里都是些什么，于是就不得不以消除个人差异的办法来简化这个问题；他就不得不以教育和宣传来控制

---

① 计划所需要的知识，"无论在哪里，要集中在一个头脑之中"，都是不可能的事，这种观察来自哈耶克；见《集体主义的经济计划》第210页（又见本书，第59页注①）。

和铸造人们的兴趣和信仰。① 但是,对于心灵采用强制的这种企图,势必摧毁能发现人民真正是在思想什么的最后可能性;因为那显然是与表现思想的自由不相容的,尤其是与批判思想的表现自由不相容。终于,它就必定要毁灭知识;所获得的权力越大,则所丧失的知识也就越多。(因此我们可以发现政治权力和社会知识是"互补的"——在玻尔②使用这个词的意义上。而且它甚至可以成为这一难以捉摸而又流行的名词的唯一清楚的说明)。③

所有这些论点都限于讨论科学方法的问题。它们默认了这一重大的假设:即,被赋予至少是接近于独裁权力的那位乌托邦计划的工程师,他那根本的仁慈性是我们用不着怀疑的。陶内(Tawney)④ 以这样的话总结了一次有关路德(Luther)⑤ 及其时

---

① 斯宾诺莎政治理论最具决定性的论点之一就是,不可能知道并控制别人在思想的东西。他把"暴政"定义为企图做出这种不可能的事情,以及把权力运用于它所不能运用的地方。我们必须记得,斯宾诺莎并不恰好是一个自由主义者;他虽然并不相信制度对权力的控制,但却认为一个君主有权行使自己的权力达到权力实际的限度。然而,斯宾诺莎所称之为"暴政"并宣布其与理性相冲突的那种东西,总体论的计划都却十分天真地当作一个"科学"问题,即"改造人的问题"。

② 玻尔(Niels Henrik David Bohr, 1885—1962),丹麦物理学家。他提出了量子力学中著名的"互补原理":在微观粒子的测定中,仪器应该分为测定位置的和测定速度的两类,把这两类仪器的结果"互补"起来才能得到对粒子的完全认识。——译者

③ 尼尔斯·玻尔(Niels Bohr)把如下两种方法叫作"互补的"——如果它们是(a)在通常意义上是互相补充的,和(b)在我们越是利用这一种就越会少利用另一种的意义上是互相排斥的。虽然在正文中我主要指的是社会的知识,但是可以说,政治权力的积蓄(和集中)一般是和科学知识的进步"互补的"。因为科学进步有赖于思想的自由竞争,所以也就有赖于思想自由,所以最终也就有赖于政治自由。

④ 陶内(R. H. Tawney, 1880—?),美国历史学家。——译者

⑤ 路德(Martin Luther, 1483—1546),16世纪德国宗教改革运动的发起者,基督教(新教)路德宗的创始人。——译者

代的讨论:"在怀疑独角兽和火蛇子①存在的同时,马基雅维里②和亨利第八③的时代却又在对那个罕见的怪物——即敬畏上帝的君主——的崇拜之中,为自己的信念找到了养料。"④ 在这里,用"敬畏上帝的君主"来代替"独角兽和火蛇子",再用它们某些显然更为现代的副本的名称来代替这两个名称,并且用"仁慈的计划权威"来代替"敬畏上帝的君主"这个短语;那么,你就得出了我们自己这个时代一副轻信的画面。对这种轻信我们在这里将不提出异议;然而可以指出,即使假定有权有势的计划者有着无限的而又始终不变的仁慈,我们的分析也表明了,他们永远会不可能发现自己那些措施的结果是否与自己的善意相符合。

我不相信有可能对零碎方法提供任何一种相应的批判。这种方法更具体地说,可以用之于寻求并反对最大的和最迫切的社会弊病,而并非是要寻求某种至善并为之而奋斗(像是总体论者想要做的那样)。但是,要对确切的弊端、要对某些不公正或剥削的具体形式以及对贫穷或失业之类的可以避免的苦难进行有系统的斗争,是和要实现一种遥远的社会蓝图的企图很不相同的另一种东西。成功或失败都更容易加以估定,而且也没有什么内在的理由可以说何以这种方法会导致权力的积累和对批评的压制。还有,这样一种反对具体的弊端与具体的危险的斗争,比起那种为建立一个乌托邦(尽管对于计划者来说,它可以是理想的)

---

① 独角兽(unicorn)和火蛇子(salamander),欧洲神话传说中的动物。——译者
② 马基雅维里(Niccolo Machiavelli, 1469—1527),意大利政治思想家和历史学家。——译者
③ 亨利第八(Henry Ⅷ, 1491—1547),英国国王,1509—1547年在位。——译者
④ R. H. 陶内,《宗教与资本主义的兴起》第2章第2节末尾。

而斗争，可能会更得到更大多数人的支持。这或许多少可以阐明这一事实：即，在反对侵略、保卫自己的民主国家里，必要的重大措施（它们甚至至可能有着总体论计划的特征）马上就会得到充分的支持，而**无须压制公众的批判**；而在准备要进攻或发动一场侵略战争的国家里，公众的批评照例是一定要受到压制的，以便把侵略说成是防御而动员公众起来支持。

现在我们可以回到乌托邦主义者的主张上来，即认为他那方法乃是把真正的实验方法应用到社会学领域上来。我认为，这种说法已被我们的批判所清除了。这一点还可以用物理工程学与总体论工程学之间的类比来加以进一步的阐释。可以承认，物理机器是可以用蓝图的办法设计成功的，随之甚至于有整个的生产工厂，等等。但是，这一切之成为可能，只是因为许多零碎的试验事先都已经实现了的缘故。每一部机器都是许多的小改进的结果。每一种模型都必须经过试错法，通过无数的小调整，才被"发展"出来。这对生产工厂的计划也同样适用。显然是总体论的计划之所以能够成功，只是因为我们已经做出了各种各样的小错误而已；否则的话，就有一切理由预料它会导致大错误。

因此，物理工程学和社会工程学之间的类比，如果更仔细地加以观察的话，就是在反对总体论者而在支持零碎社会工程师的。"社会工程学"一词，本来就是指这种类比的，却毫无道理地被乌托邦思想家所窃取了。

我就以这一点来结束我对乌托邦思想的评论。现在，我就要集中力量来攻击它的同盟者历史主义了。我认为，我现在已经对历史主义者有关社会实验的论辩给出了充分的回答，只是还没有包括这一论点，即社会实践是无用的，因为我们不可能在精确相似的条件之下重演它们。下面我们就来考察这一论点。

25. 实验条件的变异性

历史主义者争辩说，实验方法不能应用于社会科学，因为我们不能在社会领域里任意重新制造精确相似的实验条件。这一点便使得我们更接近于历史主义的立场的核心了。我承认，这一争辩里面可能有点东西：毫无疑问，在物理学方法与社会学方法二者间这里是有着某些不同的。然而，我要说历史主义者的论点是建立在一种对物理学实验方法的全然误解之上的。

让我们首先考虑一下这些方法。每一个实验物理学家都知道，非常之不同的事物可以在看来是极为相似的条件之下出现。两根电线乍看起来几乎恰好一样，然而如果在一件电学仪器中把一根换成另一根，结果就可能差别很大。通过更严密的检查（比如说通过显微镜），我们也许可以发现，它们并非像是乍看起来那么相像。但是，导致不同结果的两种实验条件之间的不同，的确常常是很难观测到的。为了要找出哪一类的相似性是相关的，什么程度的相似性是充分的，可能需要长期理论的和实验的研究。也许，在我们能够为我们的实验取得相似的条件之前、甚至在我们知道在这一情况中"相似条件"意味着什么之前，这一研究可能必须早已进行过了。然而，**实验的方法却无时无刻不在应用着**。

因此，我们可以说，被描述为"相似条件"的是什么东西的这个问题就取决于实验的性质，而且只有通过实验才能解答。对任何被观察到的差异性或相似性，不管是多么显著，我们都不可能先验地确定究竟它是否与重作一项实验的目的有关。从而我们就必须让实验方法自己来决定。完全类似的考虑也适用于那个争论不休的、为排除干扰而对实验进行人工**隔离**的问题。显然，我们不能够使一件仪器排除**一切**干扰；例如，我们不能先验地知道，行星或月球的位置对一个物理实验的干扰是很大还是可以忽略。需要什么样的人工隔离——如果有的话——我们也只能是从实验的结果中或从理论（理论本身也受到实验的检验）中知道。

就这种考虑而言，历史主义的论据，即社会实验是致命地要受到社会条件的变异性、而尤其是受到由于历史发展所引起的变化的阻碍的，就失去了它的力量。历史主义者所如此之关注着的那些显著的差异，也就是说，各个不同的历史时期所流行的各种条件之间的差异，并不必定特别给社会科学造成任何困难。可以承认，如果我们突然之间被带到另一个历史时代里，我们或许会发现，许多在社会的零碎的实验基础之上所形成的社会期望就都会落空。换句话说，实验可能导致无法预见的结果。然而，引导我们去发现社会条件的变化的仍然是**实验**；实验会告诉我们，某些社会条件随着**历史时期**而变化，正如实验告诉了物理学家，水的沸点会随着**地理位置**而变化一样。① 换句话说，各个历史时期之间的不同这一学说，远没有使得社会实验成为不可能，它无非是如下假定的一种表现，即如果转移到另一个时期，我们还应当继续进行我们的零碎实验，只不过其结果是出乎意料的或令人失望的罢了。其实，如果说我们知道任何有关不同的历史时期的不同态度的话，那么它也是从我们想象中所进行的实验而得出来的。历史学家们感到难以解释某些记载，或者是他们发现有某些事实表明他们的前人错误地解释了某些历史证据。这种历史解释上的困难，就是我们对历史主义者心目之中那种历史变化的唯一证据；然而它们只不过是我们的思想实验的预期结果与实际结果

---

① 在这两个例子——历史时期与地理位置——中，我们用实验来检验理论，就可以发现，任何对时空定位的参照都可以被某些主要相关条件的一般描述，诸如教育状况、海拔等所代替。

三 反自然主义学说批判

之间的分歧而已。正是这些意外和失望,就通过试错法而导致了我们解释新奇的社会条件的能力的改进。在历史解释的情况中,我们通过思想-试验所取得的成就,已经被人类学家在实际的田野工作中取得了。那些现代的探究者们之已经成功地把自己的预测调节得能符合或许远至石器时代的条件,就是由于他们的零碎实验成功了的缘故。

有些历史主义者怀疑这种调节成功的可能性,他们维护他们的社会实验无用论,甚至于论证说,如果转移到遥远的历史时期里去,那么我们绝大多数的实验就都会导致失望。他们断言,我们无法调节我们的思想习惯,而尤其是我们分析社会事件的习惯,使之适用于这些令人困惑的条件。在我看来,这类恐惧似乎是历史主义的歇斯底里——是被社会变化的重要性给缠住了;但我必须承认,想根据先验的理由来驱除这些恐惧会是很困难的。毕竟,使自己适应于新环境的能力是因人而异的,而且似乎我们并没有理由应该期望一个(抱有这种失败主义观点的)历史主义者能够成功地使自己的思想适应于社会环境的变化。此外,情形也要取决于新环境的特性。一位社会调查者在用试错方法调节自己,使自己能成功地适应于吃人者的习惯之前,也许会发现自己被人吃掉的这种可能性之不能排除,并不更有甚于在某个"计划社会"里他的调查也许会在集中营里而告结束的可能性。不过,类似的话也适用于物理学的领域。世界上有许多地方,那里流行的物理条件使物理学家很少有存活的机会,或者是能使自己用试错法来调整自己以适应于这些条件。

总而言之,似乎并没有任何基础可以支持历史主义者的动听的论断,即历史条件的变异性使得实验的方法不能应用于社会问题这一论断,或者是(在这一点上)关于社会研究根本不同于自然研究这一论断。但是如果我们承认,在实际上社会科学家要随意选择和改变自己的实验条件往往是非常之困难的,那就完全是另一回事了。物理学家的处境要好得多，尽管他们有时候面临同样的困难，从而在变化着的引力场中或在极端的温度条件之下要进行实验的可能性就有很大的限制。但是，我们绝不可忘记，今天对物理学家已经开放了的许多可能性，在不久以前都还是行不通的；并不是由于物理学上的，而是由于社会上的困难，即由于我们当时不准备冒花费研究所需经费的风险。然而，许多物理学研究如今都可以在并没有什么尚需要求的实验条件之下进行了，而社会科学家的处境却十分不同；这是一个事实。许多极其值得向往的实验依旧是遥远未来的梦想，尽管事实上它们的性质并不是空想的，而是具有零碎的特征。在实践上，社会科学家必须经常地依赖于心灵上所进行的实验，并依赖于在许多情况下对所采取的政治措施的分析；并且它那方式从科学观点看来，还遗留有许多值得我们要求的东西。

26. 概括化是受时期限制的吗

在我对社会学规律或理论，或假设，或"概括化"问题进行详细讨论之前，我就讨论过了社会实验问题；这一事实并不意味着我认为观察和实验以这种或那种方式在逻辑上乃是先于理论的。相反地，我相信，理论是先于实验和先于观察的，这是就后者只是在关系到理论问题时才有意义的这种意义上而言的。此外，在我们希望观察或实验能够帮助我们以任何方式提供答案之前，我们先要有一个问题。或者，以试错法的词句来表述就是，试验必须是先于错误；而正如我们（在第 24 节）所看到的，理论或假设总是尝试性的，总是试验的一部分，而观察与实验又是以表明理论错在哪里的办法来帮助我们洗练理论的。因此，我并不相信"概括化的方法"，也就是说，我并不相信科学是从观察开始、通过概括化或归纳法的某种程序而从中得出理论来的那种观点，倒不如说我是相信，在帮助我们检验我们的理论和消除那些经不起检验的理论时，观察和实验的功能乃是更为审慎的那种；尽管必须承认，这种清除程序不仅检查了理论的思辨，而且还推动它再去尝试——并且往往是再犯错误，再又被新的观察和实验所否定。

在本节中，我要批判历史主义的如下论点（参见第1节）：即在社会科学中，一切概括化或者至少是最重要的概括化的有效性，都要限定在所进行有关的观察的具体历史时期之内。我要批评这个论点，而不先讨论所谓的"概括化的方法"究竟能否加以辩护，虽则我相信它是不能的；因为我认为，无须表明这个方法是无效的，历史主义的这一论点就能够被驳倒。因此，讨论我对这个方法以及对理论与实验之间的一般关系的见解，就可以推迟到以后再谈。它将在第28节再加以讨论。

我开始批评历史主义的论点时，首先就承认，生活于一定的历史时期的大多数人总是倾向于这一错误的信念：即他们在自己的周围所观察到的规则性就是社会生活的普遍规律，对于一切社会都有效。确实，我们仅只是有时才注意到，在国外当我们发现我们的饮食习惯和问候的禁忌等，一点也不像我们天真地所设想的那样被人接受时，我们却还怀着这类信念。一个很明显的推论便是，我们有许多其他的概括化，不管是否有意识地抱有的，都可能是属于这类性质；尽管它们始终没到受到非议，那是因为我们不能旅行到另一个历史时期里去（例如，赫西俄德①就作过这样的推论）。② 换句话说，我们必须承认，在我们的社会生活中，可能有许多仅仅是属于我们这个时代的特点的规则性，而我们却

---

① 赫西俄德（Hesiodes，约公元前8世纪），古希腊诗人。——译者
② 同样的推论也是所谓"知识社会学"的基础，比如本书第171页以下和我的《开放的社会》的第23章中均曾加以批判。

倾向于忽视了这一限制。从而（特别是在一个社会迅速变化的时期），我们就可能懊悔地认识到，我们所依赖的乃是一些已经丧失了其有效性的规律。①

如果历史主义者的论点只是到此为止，我们也就只会责备他是小题大做。然而不幸的是，他还肯定了更多的东西。他坚持说，是局势创造了在自然科学中所不会发生的许多困难；尤其是，与自然科学相对比，在社会科学中我们决不能假设我们已经发现了真正普遍的规律，因为我们决不可能知道，它在过去是否总是有效（因为我们的记录可能是不充分的），或者它是否在将来也永远有效。

与这些主张相反，我并不承认上述的局势以任何方式对社会科学是有特殊性的，或者它能创造出任何特殊的困难。相反地，明显的是我们物理环境的一种变化所可能产生的经验，是与由社会环境或历史环境的一种变化所引起的那种经验十分类似的。还有比日夜的交替更为明显、更为人所熟知的规则性吗？然而，我们一越过了极圈，它就失效了。以物理经验和社会经验相比较，或许会有点困难；但是我认为，那样一种失效是可以和社会领域里可能发生的任何失败一样地十分惊人。再举一个例子，克里特岛②在1900年的历史和社会环境与三千年以前的差别，很难说是更甚于克里特岛和格陵兰的地理环境或自然

---

① 曼海姆在《人和社会》第178页中写道："一个明智地在观察着社会世界的俗人"，"在静态的时期是无论如何也不可能分辨一项普遍而抽象的社会规律和那些只是在某一个时代里才能获得的特殊原理，因为在仅有微小的变化性的时期里，这两种类型之间的分歧对于观察者是并不明显的"。曼海姆把这些只是在一个时代里才能获得的特殊原理叫作"principia media"（"**媒介原理**"）；见本书第128页注①。至于"一个社会结构正在彻头彻尾变化着的时代"的情况，见曼海姆上引书第179页以下。

② 克里特岛，希腊最大岛屿，位于地中海东部。近代考古发掘证明，岛上最早产生了爱琴海区域的古代文化。——译者

环境的差别。突然之间毫无准备地从一种自然环境转入到另一种自然环境，我以为会比相应的社会环境的改变更可能产生致命的结果。

在我看来，似乎显然是历史主义者过高估计了各个不同历史时期之间有点引人瞩目的差异的意义，而又过低估计了科学创造的可能性。的确，开普勒①所发现的定律仅只对于行星系统才有效；但是，它们的有效性并不仅限于开普勒所居住和观察的那个太阳系。② 为了懂得惯性定律的重要性，牛顿并不必须隐退到宇宙的另一角，从那里才好观察那些不受引力和其他力影响的运动体。另一方面，即使在这一体系里没有任何物体是按照它在运动，这一定律也并不会丧失它在太阳系里的意义。同样，似乎并没有理由说，我们为什么就不能够构造出对一切社会时期都具有重要意义的各种社会学理论。那些时期之间的惊人差异并不表示这类规律就不可能被发现；正有如格陵兰与克里特之间的惊人差异并不就证明不存在对这两个地区都有效的物理规律。相反地，至少在有些事例中，这些差异似乎是属于比较表层的特性（例如习惯、问候语、礼节等的差异）；而这一点似乎多少也适用于那些据说是表现某个历史时期的或某个社会的特征的规则性，〔现在某些社会学家把它们叫作 prin-

---

① 开普勒（Johannes Kepler, 1571—1630），德国天文学家。他发现行星沿椭圆轨道运行，提出了行星运动三定律。——译者
② 穆勒把开普勒的定律挑出来作为他——追随着培根——称之为"axiomata media"（"**媒介公理**"）那种东西的例子，理由是它们并非是普遍的运动定律，而只是行星运动的（近似）定律：见《逻辑》第 6 卷第 5 章第 5 节。社会科学中相类似的"**媒介公理**"与其说是历史上某个给定时期的更偶然的规则性，倒不如说是对所有**某一类**的"社会体系"都有效的规律。与后者可以相比的，并不是开普勒的定律，而是例如我们这个特殊的太阳系的行星秩序的规则性。

cipia media（**媒介原理**）]。①

对于这一点，历史主义者可以回答说，社会环境的差异要比自然环境的差异更为根本；因为如果社会改变了，人也会改变的；而这就蕴涵着全部规则性的一种变化，因为一切社会规则性都有赖于人性，而人则是社会的原子。我们的回答是，物理的原子也要随着它们的环境而变化的（例如，在电－磁场等的影响下），但并不违反物理学的规律而是依照物理学的规律的。此外，所谓人性的变化，其意义是暧昧的，而且是难以估量的。

现在我们就来讨论历史主义的这一论点：即，在社会科学中我们决不能假定我们已经发现了一种真正普遍的规律，因为我们无法确定它的有效性是否伸展到我们在观察它在起着作用的那个时期之外。我们也可以承认这一点，但仅仅是在它也能适用于自

---

① 曼海姆上引书第 177 页采用了这个与穆勒［他说的是 axiomata media（**媒介公理**）；见前注释］有关的措辞"principia media"（**媒介原理**）。为的是表示我已称之为"限于有关的观察在其中进行的那个具体历史时代的**概括**"的那种东西；例如，见他如下这段话（上引书，第 178 页，比较本书第 126 页注释②）："明智地观察着社会世界的俗人，主要是靠无意识地在运用这种 principia media（**媒介原理**）在理解事物的"，这种原理乃是……"仅仅在某一个时代所得出的特殊原理。"［曼海姆在上引书中，把他的 principia media（**媒介原理**）定义为：它们"归根结底"乃是"具体环境中的普遍力量，因为它们由于在一个给定地点上和给定时间中在起作用的各种因素而结合在一起了——这是永远不可能重现的各种境遇的一种特殊的结合"。］曼海姆声称他不会追随"历史主义、黑格尔主义和马克思主义"而犯他们不考虑"普遍因素"的错误（同上书，第 177 页以下）。所以，他的立场就是要坚持限于具体的或个别的历史时代的概括化的重要性；同时承认，我们可以用一种"抽象方法"从它们那里出发达到"它们之中所包含的一般原理"［与这种观点相反，我并不认为更一般的理论就不能根据那些习惯、法律程序等的规则性——根据曼海姆在 179 页以下给出的例子，这些规则性就构成为他的 principia media（**媒介原理**）——进行抽象而获得］。

然科学的范围而言。在自然科学中，显然我们不能完全肯定我们的规律究竟是真正地普遍有效，还是它们仅仅限于某个时期（也许只限于宇宙膨胀的时期）或某个领域（也许只限于引力场相对弱的领域）。尽管不可能确定它们普遍的有效性，我们并没有在总结自然规律时附加一个条件，说它们仅仅是就被观察到是有效的那个时期而言的，或者也许仅仅是在"当前这个宇宙论的时期"内有效。如果我们附加上这样一个条件，那并不会成为一种值得称道的科学审慎的标志，反而只会成为我们并不理解科学程序的一种标志。① 因为科学方法的一个重要公设就是，我们应当要探求其有效性的领域不受限制的那些规律。② 如果我们要承认规律的本身也要变化的话，那么变化就决不可能用规律来加以解释了。这就等于承认，变化干脆就是奇迹式的。那就会是科学进步的终结了；因为如果得出了意料之外的观察结果的话，那就没有必要去修正我们的理论了：规律已经改变的这一 ad hoc（特别的）假说就会"解释"一切了。

这些论证对于自然科学之有效，并不亚于对于社会科学。

我对历史主义的反自然主义学说的比较根本方面的批评，就

---

① 人们常常提出，与其徒劳地企图在社会学中去仿效物理学的榜样，并追求普遍的社会学规律，倒不如在物理学中去模仿一种历史主义社会学的范例，也就是，去操作那些受历史时代制约的规律。那些急于强调物理学与社会学的统一性的历史主义者们，尤其倾向于沿着这种路线去思想。见牛拉特（Neurath），《认识》（Erkenntnis）第 6 卷，第 399 页。

② 例如，在物理学中，正是同一个公设才导致人们要求解释（例如）在遥远的星云之中观察到的红移现象；因为如果没有这一公设，那么只要假定原子频率定律随着宇宙内的不同区域或随着时间而变化，就足够了。也正是这同一个公设，导致了相对论把运动定律，例如加速度等定律，表述为均等地适用于高速度和低速度（或者既适用于强引力场，又适用于弱引力场），并使它不满足于不同的速度（或引力）领域的特定假设。对"自然规律不变性"这一公设及其与"自然的一致性"这一公设相对立的讨论，请参看我的《科学发现的逻辑》，第 79 节。

以这一点而告结束。在着手讨论某些并非根本方面的学说之前，下面我将转到一种拥自然主义的学说，亦即认为我们应当探求历史发展规律的学说。

四 拥自然主义学说批判

27. 有没有演化的规律？规律与趋向

我所称之为"**拥自然主义**"的这种历史主义的学说与历史主义的反自然主义的学说有许多共同之处。例如，它们都受到总体论思想的影响，并且它们都源于对自然科学方法的误解。因为它们代表着一种引入歧途的努力，要去模仿自然科学的方法；它们可以说是"唯科学主义的"（scientistic）（在哈耶克教授的那种意义上）①。它们具有历史主义的特征，正如历史主义的反自然主义学说所具有的一样，或许甚至于还更重要。尤其是，认为揭示**社会演化的规律**以便预告社会的未来乃是社会科学的任务这一信念（这种观点在以上第 14 节至第 17 节中已阐述过了），也许可以说是历史主义的中心学说。因为，一方面，正是这种认为社会是通过一系列的时期在运动着的观点，就引起了变化着的社会与不变的物理世界之间的对比，并从而引起了反自然主义；另一方面，又正是这同一种观点引起了对所谓"相续过程的自然规律"的拥自然主义——和唯科学主义——的信仰；在孔德和

---

① 见哈耶克的《唯科学主义和社会研究》，《经济》（复刊）第 9 卷，特别是第 269 页。哈耶克教授用"唯科学主义"一词作为是"对科学方法和科学语言的奴隶式的模仿"的名称。在这里，这个词不如说是用作**某些人误认为是**对科学方法和科学语言所做的那种模仿的名称。

穆勒时代，这种信仰可以宣称有着天文学长期预报的支持，和更近一些时候有着达尔文主义的支持。的确，近来历史主义的流行可以视之为仅仅是进化论的流行的一部分——进化论这种哲学的影响大部分是由于有关地球上动植物的各种历史的一种光辉的科学假说与恰好成其为一种既定宗教信仰之一部分的一种古老的形而上学理论，这二者之间的有点耸人听闻的冲突。①

我们所称之为进化论的假说的，乃是对大量生物学与古生物学观察结果——例如，关于各个不同的生物物种与品类之间的某些相似之点——的一种解释，所根据的假设是有着亲缘关系的各种形式都有共同的祖先。② 这一假说并不是一个普遍的

---

① 我同意拉文（Raven）教授的观点，他在《科学、宗教和未来》（1943）一书中把这种冲突叫作"维多利亚时代*茶杯里的风暴"；虽然这种说法的力量或许受到他对至今仍从这个杯子里冒出来的水汽——即对柏格森*、怀特海*、史末资*等人所创立的进化主义哲学的伟大体系——的注意力而有所削弱。

  * 维多利亚时代，指 1837—1901 年英国维多利亚女王在位的时代。——译者

  * 柏格森（Henri Bergson, 1859—1941），法国哲学家。——译者

  * 怀特海（Alfred North Whitehead, 1861—1947），英国数学家、哲学家。——译者

  * 史末资（Jan Christian Smuts, 1870—1950），南非联邦总理（1919—1924，1939—1943 在任），哲学家。——译者

② 我有点害怕进化论者，他们倾向于疑心凡是不分享他们那种把进化看作是一种"对传统思想的大胆而革命的挑战"的感情态度的任何人，都是蒙昧主义者；所以在这里我最好是说，在近代达尔文主义之中，我看到了对于互相关联的事实的最成功的解释。进化论者的这种感情态度有一个很好的例证是魏丁顿（C. H. Waddington）的说法（《科学与伦理学》1942，第 17 页）："我们必须承认进化的方向是好的，理由简单地是它**就是**好"；这一说法也说明了贝尔纳*（Bernal）教授下述对达尔文主义论战（出处同上，第 115 页）的有启发性的评论是仍然合适的："并非是科学必须同它的外部敌人即教会作战，而是教会就在这些科学家自己的身上。"

  * 贝尔纳（John Desmond Bernal, 1901—1971），英国物理学家。——译者

规律，哪怕是某些普遍的自然规律，例如遗传律、分离律和变异律，都一起参与了解释。毋宁说，它具有一种特殊的（或单一的，或特定的）历史陈述的性质。[它的情况和这一历史陈述一样："查理士·达尔文和法朗西斯·高尔顿（Francis Galton）① 有一个共同的祖父。"]进化论假说并不是一种普遍的自然规律，② 而是一个关于大地上若干动植物祖先的一种特殊的（或者更精确地说，单一的）历史陈述；这一事实却多少被另一个事实掩盖了，即"假说"这个词常常被用来表征普遍自然规律的状态。但是，我们不应该忘记，我们十分频繁地是在另一种不同的意义上使用着这个词。例如，把推测性的医疗诊断说成是假说，这毫无疑义是正确的，哪怕这样一种假说具有一种单一的和历史的特性更有甚于一种普遍规律的特征。换句话说，一切自然规律都是假说这一事实，决不应该转移我们对另一事实的注意力，即并非一切假说都是规律；而且尤其是，历史假说照例都不是对于一桩个别事件或若干这类事件的普遍的陈述，而是单一的陈述。

但是能不能有演化的规律？能不能有 T. H. 赫胥黎③所指的那种意义上的科学规律？他写道："凡是怀疑科学是否会迟早……掌握有机物形式的进化规律的——关于因果的伟大链条之永不变易的秩序，其中一切有机物的形式，不管是古代的还

---

① 法朗西斯·高尔顿（Francis Galton, 1822—1911），英国遗传学家。——译者

② 甚至于像"一切脊椎动物都有一对共同的祖先"这样一种陈述，尽管有着"一切"这类字样，也并不是一条普遍的自然规律，因为它涉及的是存在于地球上的脊椎动物，而不是在任何地点和时间具有我们认为表现脊椎动物特征的组织的所有生物体。见我的《科学发现的逻辑》，第14节以下。

③ T. H. 赫胥黎（T. H. Huxley, 1825—1895），英国生物学家，生物进化论的倡导者之一。——译者

是现代的，都是它的环节——就必定只是个半心半意的哲学家。"①

我相信，这个问题的答案必须是"否"，在演化过程中探求"永不变易的秩序"的规律决没有可能属于科学方法的范围之内，无论是在生物学中也好，还是在社会学中也好。我的理由十分简单。地球上生命的演化或人类社会的演化，都是一场独一无二的历史过程。我们可以假设，这样一场过程是按照各种各样的因果律进行的，例如，按照力学规律、化学规律、遗传与分化规律、自然选择规律，等等。然而，它那描述却不是一种规律，而仅仅是一项单一的历史陈述。普遍规律，像是赫胥黎所说的那种，乃是有关某种永不易变的秩序的论断，即有关某一种类的全部过程的论断。尽管并没有理由认为，对单独一个例子的观察何以就不能促使我们总结出普遍的规律，以及如果我们幸运的话，何以我们就应该触及不到真理；但是很明显的是，以这种或任何另一种方式所总结的任何规律，在它能够被科学认真地加以接受之前，必须接受新事例的**检验**。

---

① 见赫胥黎的《俗人讲道》(1880)，第 214 页。鉴于他对不可避免的进步规律的观念持有极端批判的态度，赫胥黎对进化规律的信仰是令人惊异的。那解释似乎是，他并没有鲜明地把自然的进化和进步区别开来，而且他还认为（我认为是正确地）这两者之间并没有什么瓜葛。朱理安·赫胥黎＊（Julian Huxley）对他称之为"进化的进步"（《进化》，1942，第 559 页以下）的有趣的分析，在我看来对这个问题并没有增加任何东西，尽管它明显地是设法要在进化和进步之间建立一种联系。因为他承认，进化虽然有时是"进步的"，但更多的时候却不是的（关于这一点，以及赫胥黎对"进步"的定义，见本书第 148 页注释①）。另一方面，每一种"进步性"的发展都可以看作是进化的，这一事实几乎是再浅薄不过了。（统治类型的更迭是进步的，这句话在他的意思里只能是意味着，我们习惯把"统治的类型"这个术语用之于那些最成功的，也就是最"进步的"，类型。）

＊ 朱理安·赫胥黎（Julian Huxley，1887—1975），英国生物学家，T. H. 赫胥黎之子。——译者

然而，如果我们永远局限于观察一种独一无二的过程，我们就无法希望去检验一种普遍的假说或发现一种为科学可以接受的自然规律了。观察一种独一无二的过程，也不能有助于我们预见它未来的发展。对**一个发展中的幼蛹进行最仔细的观察**，也不能帮助我们预告它将转变为蝴蝶。至于应用到人类社会的历史上面来——而这一点是我们这里所主要关怀的——我们的论点已经被 H. A. L. 费希尔（H. A. L. Fisher）① 概括为如下的话："人们……在历史中辨识出有一种布局、一种节奏、一种前定的模型。……而我只能看到一件事伴随着另一件……**若是只有一桩伟大的事实，既然它是独一无二的，所以对于它就不可能有什么概括化……**"②

怎样才能反驳这种异议呢？大体上，有两种主张可以为相信进化规律的人们所采取。他们可以：（a）否认我们的这一论点，即演化过程乃是独一无二的；或者是（b）宣称即使演化过程乃是独一无二的，我们也可以从中辨认出一种趋向或趋势或方向，并且我们可以总结出一种假说来陈述这种趋向，并以未来的经验来检验这一假说。这两种主张（a）和（b）并不是互相排斥的。

主张（a）就回到了太古时代的一种观念——那个观念是：出生、童年、青年、壮年、老年和死亡的生命周期不仅适用于个体动植物，而且也适用于社会、种族甚至"整个世界"。这一古代的学说曾被柏拉图用来解释希腊城邦国家和波斯帝国的

---

① 费希尔（Herbert Albert Laurens Fisher, 1865—1940），英国历史学家和政治家。——译者
② 见费希尔《欧洲史》第 1 卷，第 7 页（黑体字是我的）。又见哈耶克上引书，《经济》第 10 卷，第 58 页，他批评了那种"要在按性质来说是不可能找到规律的地方、在一系列单一的、个别的历史现象中去寻找出规律"的企图。

衰亡。① 马基雅维里、维科②、斯宾格勒③以及晚近的汤因比④教授在其宏伟动人的著作《**历史研究**》里，都曾对它同样加以使用。根据这一学说的观点，历史是重复的；例如，文明的生命周期的规律就可以用我们研究某种动物物种的生命周期的同样方式来研究。⑤ 这种学说的后果就是，我们以演化过程或历史过程的独一无二性为基础的那种反对意见就丧失了它的力量；虽然这种后果很难说是它的创始人所期望的。我无意否定（我觉得有把握说，费希尔教授在上节的引文中也无意否定）历史有时候可以在某些方面重演；我也无意否定，某些类型的历史事件之间的平行现象，诸如古希腊的与现代的暴政的兴起对于政治权力社会学的研究者可能具有重大意义。⑥ 但是显然的是，

---

① 柏拉图在他的《政治家》中描述了"大年"的周期，从我们生活在一个堕落的时节里这一假定出发，他在《国家篇》里把这一学说应用到希腊城邦的进化上，又在《法律篇》里应用于波斯帝国。
② 维科（Giovanni Battista Vico，1668—1744），意大利哲学家和历史学家。——译者
③ 斯宾格勒（Oswald Spengler，1880—1936），德国哲学家和历史学家。——译者
④ 汤因比（Arnold Joseph Toynbee，1889—1975），英国历史学家。——译者
⑤ 汤因比教授坚持说，他的方法是从经验上探讨21个以上生物学上"文明"物种标本的生命周期。但是甚至于在他采用这种方法时，他似乎也没有受到任何要反对费希尔的论点（上面引述过）的愿望的影响；至少，在他对这个论点的评论中，我没有发现有任何这样一种愿望的迹象，他满足于把它作为"现代西方信仰偶然性万能"的一种说法而放了过去；见《历史研究》第5卷，第414页。我不认为这种说法对费希尔是公正的，费希尔在上面的引文里接着说："……进步这个事实是清楚明白地写在历史书上的；但进步并不是一个自然法则。上一代人取得的阵地也可以被下一代所丧失。"
⑥ 在生物学中，就进化的（例如，不同品类之间的）繁复性可以作为概括化的基础而言，那处境是相似的。但是这一各种进化之间的比较，仅仅是导致对各种类型的进化过程的描述。这一立场和在社会历史中的是一样的。我们可以在这里或那里发现有某些类型事物的重演，但是从这样一种比较中却得不出来可以描述所有的进化过程（例如进化周期的定律）或者一般演化过程的任何规律。见本书第148页注释①。

四 拥自然主义学说批判

这一切重演的事例所包含着的境况是极不相同的，而且可能对事物的进一步发展具有重要的影响。因此，我们并没有有效的理由可以期待历史发展有任何明显的重复，以致它**将继续**与其原型保持平行一致。一般公认，一旦我们信奉一种重复性的生命周期的规律——这一信仰是由类比的思考得出的，也或许是从柏拉图那里继承来的——我们就必定可以在几乎任何地方都找到它的历史确证。但这只不过似乎是被事实所证实了的形而上学理论的许多例子中的一个——这些事实如果加以更仔细地考察的话，就可以看出它们正是由它们设想要去检验的那些理论里面选择出来的。①

再来看主张（b），即认为我们可以辨识并推知一种演化运动的趋向或方向的这一信念；那么首先应该提到的是，这一信念已经影响了并被用于支持某些代表着立场（a）的周期性的假说，例如，汤因比教授在支持主张（a）时，就表示了如下代表

---

① 可以说几乎每种理论都与许多事实相符；所以只要我们不能找到反驳它的事实，而不必要求我们能找到支持它的事实，我们就说这个理论是被确认了，这也是原因之一；见以下第 29 节，以及我的《科学发现的逻辑》，尤其中的第 10 章。我认为这里所批判的那种程序的一个样板，就是汤因比教授号称对他称之为"物种文明"的生命周期的经验探讨（见本书第 134 页注释⑥）。他似乎忽略了一个事实：他分类作为文明的仅仅是那些符合于他对生命周期的先验信仰的实体。例如，汤因比教授对比了他的"文明"与"原始社会"（上引书，第 1 卷，第 147 页至第 149 页）以便建立他的学说，即这两者不能属于同一个"物种"，虽则它们可以属于同一个"品类"。但是，这种分类的唯一的根据乃是对文明的性质的一种先验的直观。这一点可以从他的这种论点看出来：即两者之间的不同有如大象和兔子之间那么显著——这一直观论点的弱点，只要我们考虑一下一条圣伯纳（St. Bernard）狗和一条哈巴狗的情况，就变得很清楚了。但是，这整个的问题（究竟这两者是否属于同一个物种）却是不能接受的，因为它以唯科学主义的方法为基础，即把集体当作仿佛就是物理学的或生物学的物体一样。虽然这种方法常常遭到批判（例如，见哈耶克《经济》第 10 卷，第 41 页以下），但这些批判却从未得到过恰当的回答。

着（b）的特征的观点："文明并不是社会的静态，而是一种演化型的动态运动。它们不仅不能够停止不动，而且它们也不可能逆转它们的方向而又不破坏它们自己的运动规律……"[①] 在这里，我们几乎有了通常在主张（b）的陈述里所能发现的全部要素，即（与社会**静力学**相对的）社会**动力学**的观念，（在社会**力量**影响下的）社会演化运动的观念，以及据说是不可能**逆转**而又不破坏**运动定律**的那种**运动**的方向（以及**历程**和**速度**）的观念。以上加重点的词都是从物理学带入社会学中的，采用它们就导致了一连串的误解——这些误解有着惊人的粗糙性，而又非常之表现出唯科学主义滥用物理学和天文学的例子的特征。一般公认，这些误解除了在历史主义的作坊之外并没有造成什么害处。例如，在经济学中，使用"动力学"这个词（可以比较今天流行的"宏观动力学"一词）是无可非议的，正如甚至是不喜欢这个词的人也必须承认的那样。但甚至于这种用法也是来源于孔德之企图把物理学家对静力学和动力学的区别应用于社会学；而在他这一企图底层下面的那种严重的误解也是用不着怀疑的。**因为社会学家称之为"静力学的"那类社会，就恰好类似于物理学家所要称之为"动力学的"**（虽则是"静态的"）**那些物理学的体系**。一个典型的例子就是太阳系；它是物理学家的意义上的一种动力学体系的原型；但是既然它是重复的（或"静态的"），既然它既不生长又不发展，既然它并未显示出任何的结构变化（除了那些并不属于天体动力学的领域之内、因而在这里可以忽略的变化而外），所以它就毫无疑义地相当于社会学家所要称之为"静力学的"那些社会体系。天文学上长期预告的成功，完全有赖于太阳系这种重复的和在社会学家的意义上是静力学的特性——即有赖于我们在这里可以忽略任何历史发展的征象这一事实；就此而言，与历史主义的主张

[①] 见汤因比上引书，第1卷，第176页。

有关的以上论点就有着很大的重要性了。因此，设想对一个静态体系做出动力学的长期预告也就奠定了对非静态的社会体系做出大规模的历史预言的可能性，那肯定是错误的。

非常类似的错误还包括把其他上列物理学的术语应用于社会，这种应用往往是全然无害的。例如，倘若我们以社会组织、以生产方法等把变化描述为**运动**，就不会有什么害处。但是我们应当清楚，我们是在简单地使用一种比喻，而且还是一种有点误人的比喻。因为，如果我们在物理学里谈到一个物体或一个物体系统的运动，那么我们并不是有意蕴涵着所谈的物体或系统在经历着任何内部的或结构的变化，而仅仅是它改变了它相对于某个（任意选择的）坐标系的位置。与此相反，社会学家所说的"社会运动"则是指某种结构的或内部的变化。因而，社会学家就假设，一种社会运动是要用**力**去加以解释的；而物理学家则假设，并不是运动本身而只是运动的**变化**才必须那样加以解释。① 社会运动的**速度**或它的**轨迹**或**过程**或**方向**的观念，只要是单纯地用来传达某种直观的印象，也同样地没有害处；但是如果使用是带有任何科学意图之类的东西，那么它们就径直变成了唯科学主义的行话，或者更精确地说，成了总体论的行话。一般公认，一种可量度的社会因素——例如人口的增长——的任何一种变化，都可以用图表表现为一条轨迹，正像一个运动物体的路线那样。但是显然的是，这样一种图式并没有描绘出人们所说的社会运动是什么——有鉴于一个稳态的人口也可以经历一场激烈的社会动荡。当然，我们可以把任何数量的这类图式结合成一幅单一的多维图形。但是，这样一种结合的图式并不能说是表现了社会运动的途径；它告诉我们的并不比那些单个

---

① 之所以如此，是由于惯性定律的缘故。——试图借助于毕达哥拉斯定理来计算政治"力量"的一种典型的"科学主义的"例子，见以上第96页注释②。

的图式加在一起更多；它并未表现出"全体社会"的任何运动，而仅仅表现了某些特选方面的变化。社会运动观念的本身——即社会也像一个物体，可以**作为一个整体**沿着一定的路径、朝着一定的方向运动——纯粹是一种总体论的思想混乱。①

希望我们可能有一天也会发现"社会运动的定律"，正好像是牛顿发现了物体的运动定律那样；那就尤其是这类误解的产物了。既然在任何意义上都没有相似于或可以类比于物体运动的社会运动，所以就不可能有那类的定律。

然而，人们会说，社会变化中的趋向或趋势的存在几乎是无可置疑的，每一个统计学家都可以计算这类的趋向。难道这些趋向不能和牛顿的惯性定律相比吗？答案是：趋向是存在的。或者更确切地说，对趋向的假设往往是一种很有用的统计学方法。**但是趋向并不是规律**。断言有一种趋向存在的一个陈述是存在着的，但不是普遍性的，（另一方面，一种普遍的规律并不断言任何存在；相反地，正如在第 20 节的末尾所表明的，它断言的乃是这种或另一种事物的不可能性②）。断言某时某地有某种趋向

---

① 由于奢谈"运动"、"力"、"方向"等所造成的混乱，可以从考虑亨利·亚当斯（Henry Adams）的话来加以测定，这位美国著名的历史学家曾认真地希望通过确定历史轨道上两点的位置来断定历史的进程——其中一点位于 13 世纪，另一点位于他自己那个时代。他说他自己的计划是："借助于这两个点，……他希望向前向后无限地投射他的线……"因为，他论证说，"任何一个小学生都可以知道，人，作为一种力，必须从一个定点出发，用运动来加以衡量"（《亨利·亚当斯的教育》，1918 年，第 434 页以下）。作为一个更晚近的例子，我可以引用魏丁顿（Waddington）的话（《科学和伦理学》第 17 页以下）："一个社会系统"乃是"某种事物，其存在在本质上就包含着沿一条进化的途径在运动……"而（第 18 页以下）"科学对伦理学的贡献，其性质……乃是揭示世界进化过程作为一个整体的性质、特征和方向"。

② 见我的《科学发现的逻辑》，第 15 节，那里给出了把存在论的陈述当作是**形而上学**（在非科学的意义上）的理由；又见以下第 149 页注释②。

的存在的这一陈述,将会是一个单一的历史陈述,而不是一种普遍的规律。这种逻辑状况的实际意义是值得考虑的:我们可以把科学预告置于规律的基础之上,而我们却不能(像每一个审慎的统计学家都知道的)把它们仅仅置于某些趋向的存在的基础之上。一种持续了几百年或者甚至几千年之久的趋向(我们仍可以用人口的增长为例),可以在十年之内改变,或者甚至比那更迅速。

指出**规律和趋向是根本不同的两回事**,是很重要的。① 无可怀疑的是,把趋向与规律以及与对趋向(诸如技术的进步)的直觉观察混为一谈的习惯,就激起了进化论和历史主义的主要学说——即关于不可抗拒的生物演化规律和不可逆转的社会运动规律的学说。同样是这些混淆与直观也激发了孔德的相继规律的学说——那是一种至今还很有影响的学说。

从孔德和穆勒以来就已著名的**共存律**(laws of coexistence)(据称是相应于静力学)与**相继律**(laws of succession)(据称是相应于动力学)之间的区别,可以认为以一种合理的方式而能得到解释;那就是,把它们作为一种不含**时间**概念的规律与一种**时间**也参与其构造之中的规律(例如,涉及速度的规律)这二者之间的区别。② 但是,这一点并不完全是孔德和他的追随者心目之中的东西。在谈到相继律时,孔德想到的规律是在决定着现

---

① 然而,一个规律可以肯定在一定的境况(初始条件)下,人们可以发现一定的趋向;并且,当一个趋向被这样加以解释之后,总结出一条相应于这一趋向的规律就是可能的。见以下第150页注释①。

② 也许值得提到的是,平衡经济学毫无疑义地是**动态的**(在与这个词的"孔德的"意义上相对立的"合理的"意义上),即使在它的方程式中并不呈现时间项。因为,这一理论并没有肯定这种平衡是在哪里实现了的;它只肯定,每一次动荡(而动荡是任何时候都会出现的)之后都继之以一次调整——即趋向于平衡的运动。在物理学中,静力学是有关平衡的理论,而不是有关趋向于平衡的运动的理论;一个静力学的系统**并不运动**。

象——在我们所观察到它们的那种秩序之中——的"动力学"系列的相继。现在重要的是,要认识到像孔德所设想的那种"动力学的"相继规律并不存在。它们肯定并不存在于动力学之中。(我指的是动力学)。在自然科学领域中,最接近于它们的——以及或许是他心目之中已有的——便是自然的周期性,像是季节、月相、日月食的再现,或许还有钟摆。但是,这些周期性在物理学中应该说是动力学的(尽管是静态的),而在孔德使用这些词的意义上,却与其说是"动力学的",倒不如说是"静力学的"。而且无论如何,它们都很难被称为规律(因为它们有赖于太阳中所存在的特殊条件;可参见下一节)。我将称它们为"相继的半-规律"。

关键之点在于:虽然我们可以假设任何实际上的现象相继都依照自然的规律在进行;但是重要的却是要认识,实际上**并没有,比如说,三个或三个以上有因果联系的具体事件的任何系列,是按照任何单一的自然规律进行的**。如果风吹动了一棵树,于是牛顿的苹果就落了地①;并没有人会否认这些事件能够以因果律来描述。但是,并没有任何单独的规律,例如引力定律,或者甚至于单独明确的一套规律,可以描述有着因果联系的事件的实际的或具体的相继。除引力之外,我们还必须考虑那些解释风的压力的规律、树枝的摇动、苹果蒂的牵力、苹果的碰伤、随着碰伤引起的化学过程而发生的一切,等等。各种事件的任何具体的系列或相继(除了钟摆或太阳系的运动之类的例子)都能够被任何一种规律或任何确切的一组规律所描述或解释——这一观念全然是错误的。既不存在有什么相继的规律,也不存在有什么进化的规律。

---

① 传说,牛顿是受到苹果从树上掉下来这件事的启发,发现了万有引力定律。——译者

四　拥自然主义学说批判　　103

然而，孔德和穆勒确实是把他们那历史的相继规律看作是按历史事件实际发生的顺序在决定着历史事件的系列的规律的。这一点也可以从穆勒谈到下述方法的态度中看出：即，这种方法"就在于企图通过对一般历史事实的研究与分析去发现……进步的规律，而这一规律一旦确定，就必定能使我们预见未来的事件，**正如通过代数学中一个无限级数的少数几项，我们就能够测出这个级数构成的规则性原理，并预言这个级数的其余部分一直到我们所高兴要的任何一项**"①。穆勒自己对这种方法是抱批判态度的；但是他的批判（见第 28 节开头部分）却充分承认发现相继规律的可能性，类似于发现数学序列的规律，尽管他表示怀疑，"历史所呈现给我们的……相继顺序"是否充分地"严格一致"可以和数学序列相比较。②

现在我们已经看到，并不存在什么**规律**在决定着这样一种"动力学的"事件系列的相继。③ 另一方面，具有这种"动力学"特征的**趋向**却是可能存在的；例如，人口的增加。因此人们可能会怀疑，当穆勒谈到"相继规律"时，他的心目之中已经有了这类趋向。这种猜测倒是被穆勒自己所证实了，因为他把他的进步的历史规律描述为一种趋势。他在讨论这种"规律"时，表示了他自己的"信念是……一般**趋势**现在是而且将继续是（除了偶然的和暂时的例外）改进的趋势——**是一种朝着更幸福和更美好状态前进的趋势**。这……是……科学的（即

---

① 穆勒，《逻辑》，第 6 卷第 10 章第 3 节。关于穆勒的一般"进步效果"的理论，又见第 3 卷第 15 章第 2 节以下。
② 穆勒似乎忽略了这个事实：即，只有极其简单的数学和几何学的系列才能这样用"少数几个项"就足以测出它们的"原理"。人们很容易构造出更复杂的数学系列，其中千百项都不足以发现它们的构造规律——**哪怕是我们知道存在着这么一个规律**。
③ 关于与这种规律最接近的方法，可见本书第 28 节，尤其是第 150 页注释①。

社会科学的)一条定理"。穆勒本应严肃地讨论"人类社会的现象"究竟是围绕着"一个轨道"在旋转,还是沿"一条抛射轨道"① 在向前运动着这一问题,它是和把规律和趋向基本上混为一谈相一致的,也是和认为社会作为整体是能够"运行"——比如说,像一颗行星那样——的总体论观念相一致的。

为了避免误解,我想要说明,我相信孔德和穆勒两个人都对科学的哲学和科学的方法论做出了伟大的贡献;我特别想到的是孔德对规律和科学预告的强调,他对唯本质论(essentialist)的因果理论的批判,以及他和穆勒两人的科学方法统一性的学说。但是我相信,他们关于相继的历史规律的学说并不比一堆引用错误的隐喻更好一些。②

---

① 见穆勒,前引书。穆勒区别了"进步"一词的两种意义;广义上,它是与周期的变化相对而言,但并不蕴涵着改进(他在这个意义上更充分地讨论了"进步性的变化",上引书,第3卷第15章)。狭义上,它蕴涵着改进。他教导说,坚持广义上的进步是一个方法问题(我不明了这一点),而坚持狭义的则是一条社会学的定理。

② 在许多历史主义者的和进化论者的著作里,人们常常不可能发现比喻在哪里结束而认真的理论又从哪里开始。(例如,可见本书第135页和第137页的注释。)我们甚至还必须面临这种可能性,即某些历史主义者可能否认隐喻和理论之间有差别。例如,可以考虑心理分析学家斯蒂芬博士(Dr. Karin Stephen)的话:"我要承认,我所努力提出的这种现代解释也许仍然不过是一种隐喻,……我不认为我们需要害羞,……因为科学假说事实上都是建立在隐喻的基础之上的。光的波动理论还能是什么别的吗?"(可比较魏丁顿的《科学和伦理学》第80页,又见第76页论引力。)如果科学方法仍然是本质主义的方法,也就是询问"它是什么?"的方法(比较以上第10节),并且如果光的波动理论就是光是一种波的运动这一本质主义的陈述;那么这一说法就可以证明是有道理的。但是情形却是,心理分析学和光的波动理论之间的主要区别之一就是,前者大体上仍然是本质主义的和隐喻性的而后者却不是。

28. 归结法　因果解释　预告与预言

我对相继的历史规律这一学说的批评，在一个重要的方面至今还没有结论。我已经努力表明，历史主义者在被称为历史的那些事件——相继中所辨识出的"方向"或"趋势"并不是规律，而是——假如它是什么的话——趋向。我还指出了，何以与规律相对而言的趋向，一般说来一定不能用来作为科学预告的基础。

但是对于这一批评，穆勒和孔德——我相信，他们仅仅在这方面是属于历史主义者——仍然可以提出一种答辩。穆勒也许可以承认在一定程度上混淆了规律与趋向。但是，他可以提醒我们，他就亲自批判过那些把"历史相继的一致性"误当作真正的自然规律的人们；他也曾小心地强调，那样一种一致性"只能是一种经验的规律"①（这个词多少有点令人误解）；而且在通过"先验演绎与历史证据相吻合"的办法把它归结为一种真正的自然规律的状态之前，也不应当认为它是可靠的。并且，他还可以提醒我们，他甚至于还奠定过一条"强制性的规则"，要求绝不可把从历史学中所得出的任何概括引入社会科学，除非是能够对此举出充分的理由②——也就是说，从某些可以独立地加以确定的真正的自然规律之中把它演绎出来，（在他心目之中的规律就是"人性"的

---

① 本段与下一段引文都出自穆勒《逻辑》，第 6 卷第 10 章第 3 节。我认为"经验的规律"这个术语（穆勒用来作为一种低级的普遍性法则的名称）是非常不幸的，因为一切科学规律都是经验的：它们全部是在经验的证据的基础之上被接受或被摒弃的（关于穆勒的"经验的规律"，又见上引书第 3 卷第 6 章和第 6 卷第 5 章第 1 节）。穆勒的这一区分已为门格尔（C. Menger）所接受，他以"确切的规律"来与"经验的规律"相对立；见《全集》第 2 卷，第 33 页以下和 259 页以下。
② 见穆勒上引书第 6 卷第 10 章第 4 节。又见孔德《实证哲学教程》第 4 章，第 335 页。

规律,即心理学)。对于这种把历史的或其他的概括化归结为一套具有更高级的普遍性规律的程序,穆勒就命名为"反演绎的方法",并且他宣扬那是唯一正确的历史学的和社会学的方法。

我准备承认,这一反驳是有一定的力量的。因为假如我们成功地把一种趋向归结为一套规律,那么我们把这种趋向用来像一种规律那样地作为预告的根据,就应该是有道理的。这样一种归结法或反演绎法要想沟通规律与趋向之间的鸿沟,还得经历一段漫长的道路。这一反驳的力量由于下述事实而进一步地显示了出来:穆勒的"反演绎法"的方法是关于某种程序的一番公正的(虽则是零乱的)描述,那种程序不但被运用于社会科学,也被运用于一切科学,并且远远超出了穆勒自己估计的范围之外。

尽管承认了这些,我认为我的批判始终是正确的,而历史主义者对规律与趋向的根本混淆是无法辩护的。但是为了表明这一点,就需要对归结法的或反演绎法的方法进行仔细的分析。

我们可以说,科学在它发展的任何时候,都是面临着各种问题的。它不能够从观察或者从"收集数据"开始,像是有些方法论的学者所相信的那样。在我们能够收集数据之前,必须唤起我们对**某一类数据**的兴趣:**问题**总是最先出现的。问题反过来又会受到实践需要的启发,或者受到那些由于这样或那样的理由看来需要加以修正的各种科学信仰或前-科学信仰的启发。

一个科学问题照例都是出由需要**解释**。我们也将追循着穆勒,区别开两种主要的情况:即对于个别的或单一的特定事件的解释和对于某种规则性或规律的解释。穆勒是这样讲述的:"说一件个别的事实得到了解释,也就是说指出了它的原因,亦即说出了它的规律或若干规律,……而事件的产生只是规律的一个实例。这样,一场火灾,当它被证明是一粒火花掉进了一堆可燃物中所引起的时候,就得到了解释;同样地,一条规律……只要指出另外的一条或若干条规律,而这条规律本身只不过是其中的一个实例,而且可以从其中演绎出来,那么它就得到了解释。① 解释一条规律的事例就是一种"反演绎法"的事例,因此在我们的行文网络中就有重要的意义。

穆勒的对一种解释的解释,或者更恰当地说,对一种因果解释的解释,大体上是很可以接受的。但是对于某些目的来说,它还不够精确;而这种缺乏精确性在我们这里所涉及的这个问题中却起着重要作用。因此,我将复述这个问题,并指出穆勒的看法和我自己的看法之间的分歧何在。

我要提出,对某一**特定事件**做出一种因果解释,就意味着从以下两个前提之中推导出一种描述这一事件的陈述:即从某些**普遍规律**之中和从某些我们可以称之为**特定的初始条件**的单一的或特定的陈述之中。例如,如果我们发现某一根线只能承受一磅重量,但却有两磅的重量加在它上面;那么我们就可以说,我们对于这根线被拉断做出了一种因果解释。如果我们分析一下这一因果解释,那么我们就发现其中包含有两个不同的部分。(1)具有普遍自然规律性质的某些假说;在本事例中,或许是:"对每一根具有一种给定结构 S(由其材料、粗细等决定)的线,都有一个特定的重量 W,从而如果任何超过 W 的重量悬了在它上面,这根线就会断裂",以及"对每一根结构为 S_1 的线,其特殊的重量 W 等于一磅"。(2)有关所论及的特殊事件的某些特定的(单一的)陈述——即初始条件;在这个事例中,我们可以有两种陈述:"这是一根结构为 S_1 的线"、"加在这根线上的重量是两磅重"。这样,我们就有了两个不同的部分、两种不同的陈述,它们合起来就得出一种完整的因果解释:(1)**关于自然规律性质的普遍陈述**;和(2)**被称为"初始条件"的有关所涉及的特殊情况的特定陈述。**

---

① 穆勒,上引书,第 3 卷第 12 章第 1 节。关于他称之为"经验的规律"的"推导"或"反演绎",见前引书,第 16 章第 2 节。

这样借助于初始条件（2）的帮助，我们就可以从普遍规律（1）推导出下面的特定陈述（3）："这根线将会断裂"。这一结论（3）我们也可以叫作一种特定的**预知**（prognosis）。那些初始条件（或者更精确地说，是它们所描述的那种局势）通常就说成是所讨论的事件的**原因**；而那种预知（或者不如说，被那种预知所描述的事件）则是结果；例如，我们说，把两磅的重量悬在只能承受一磅重量的一根线上乃是原因，而断裂则是结果。①

当然，只有当那些普遍的规律很好地经受了检验，得到了确证，并且当我们也有了某些支持那个原因的、即支持那些初始条件的独立证据时，这样一种因果解释才可以在科学上被接受。

在着手分析关于规则或规律的因果解释之前，应该谈到在我们分析单一事件的解释中所产生的几件事。一件是，我们决不能以一种绝对的方式来谈论因果，而是必须说，一个事件相对于某种普遍规律而言，乃是另一个事件——即前者的结果——的原因。然而，这些普遍规律时常都是太细微了（像是在我们的例子中那样），以致我们照例都把它们视为理所当然，而不是自觉地在运用它们。第二件是，一种理论之用来**预告**某个特定的事

---

① 本节包含着对一个特定事件的因果解释的分析，是近似于原文而引自我的《科学发现的逻辑》第 12 节。现在，我想要根据塔尔斯基（Tarski）的语义学（当他写那本书的时候，我还不知道它）用下面几行话来给"**原因**"下定义：（单独的）事件 A 被称为（单独的）事件 B 的原因，如果并且唯有如果从一套**真**的普遍陈述（自然规律）中可以得出一种物质的蕴涵关系，其蕴涵者指 A，而其被蕴涵者指 B。我们可以同样地给出"在科学上被接受的原因"的定义。关于指明关系的语义学概念，见卡纳普﹡（Carnap）《语义学导论》(1942)。看来以上的定义可以用卡纳普所称为的"绝对概念"加以改进——有关原因这一问题的某些历史论述，见我的《开放社会及其敌人》第 25 章，注释 7。

﹡ 卡纳普（Rudolf Carnap, 1891—1970），美国现代哲学家，逻辑实证论和语义哲学的代表之一，出生于德国。——译者

件，就正是用它来**解释**这样一桩事件的另一方面。既然我们是以被预告的事件与实际所观察到的事件相比较在检验一种理论的，所以我们的分析也就表明了理论是怎样可以被**检验**的。我们使用一种理论的目的究竟是要解释、还是预告、还是检验，这要视我们的兴趣而定；它要视这一问题而定：即哪些陈述我们认为是给定的或不成问题的，哪些陈述我们认为是需要进一步加以批判和检验的（参见第29节）。

被普遍规律所描述的有关**规则性**的因果解释，多少不同于有关单一事件的因果解释。乍看起来，人们也许会认为，情况是类似的，而且所论及的规律必须从以下两点之中推导出来：(1) 某些较一般的规律，和 (2) 某些特定的条件，这些条件相应于初始条件，但它们并**不是**单一的，而是涉及某一**类**的情况。然而，这却非这里的情况，因为特定条件 (2) 必须在总结我们所希望加以解释的那个规律时，有着明确的陈述；否则的话，这一规律就会径直与(1) 相矛盾。(例如，如果借助于牛顿的理论，我们想要解释一切行星都在作椭圆运动的规律，那么在总结这个规律时，我们首先必须明确提出什么是我们可以肯定它那有效性的条件，或许要以这样的形式：**如果**有若干个相距远得足以使它们相互的引力变得很小的行星，围绕着一个重得多的太阳在运动；**那么**每一行星就都会近似地在一条以太阳为其一个焦点的椭圆轨道上运行）。换句话说，要对我们试图加以解释的那个普遍规律做出总结，就必须包罗它的有效性的全部条件在内，否则的话，我们就不能够普遍地（或者像穆勒所说的，无条件地）肯定它。从而，对于一种规则性的因果解释，就在于从一组经过独立检验和证实的更一般的规律之中演绎出一条规律来（包括使所肯定的规律性成为有效的条件）。

如果现在把我们关于因果解释的叙述和穆勒的做一个比较的话，我们就看到：就规律之归结为更一般的规律这一点来说，也就是说,就对于规律的因果解释这一点来说,两者之间并没有很大的差别。但是在穆勒对**单一事件**的因果解释的讨论中,在(1)普遍规律和(2)特定的初始条件二者之间并没有明确的区分。这大部分是由于穆勒在使用"原因"一词时缺乏明确性;他有时使用此词指单一事件,有时又指普遍规律。现在我们就来表明,这一点是怎样地影响了对趋向的解释或归结的。

用不着怀疑,对于趋向加以归结或者解释,在逻辑上是可能的。例如,让我们假设,我们发现所有的行星都在逐渐接近于太阳。那样,太阳系就会成为孔德意义上的一个动力学体系;它就会有一种具有确切趋向的发展或历史。在牛顿物理学中,这种趋向很容易加以解释,它可以假设(我们可以对这种假设找到独立的证据)星际空间充满了某种抵抗的物质,例如某种气体。这一假说就会是一个新的特定初始条件,我们必须把它附加到陈述那些行星在某个时刻的位置与动量的通常初始条件上去。只要这个新的初始条件继续存在,我们就会有一种系统的变化或趋向。现在,如果我们进一步假设这个变化是巨大的,那么它就必定会对大地上各个物种的生物学与历史有着十分显著的系统性的影响,包括人类历史在内。这一点就表明我们能够怎样在原则上解释某些进化的和历史的趋向——甚至于是"一般的趋向",即贯穿于所考虑的发展之中的趋向。显然的是,它们还类似于上一节中所提到的准-相继规律(季节的周期性等),不同之点在于它们是"动力学"的。因此,它们甚至要比这些"静力学的"准规律更加密切地符合于孔德和穆勒对进化的或历史的相继规律的模糊观念。现在,如果我们有理由假设有关的初始条件的持久性,那么显然地我们就可以假设这些趋向或"动力学的准规律"也将持续下去,于是它们也就可以像规律一样地用来作为预告的基础。

这种**已经得到解释的趋向**(我们可以这样称呼它),或者是说处于被解释的边缘的趋向，在近代的进化理论中起了很大的作用；这一点是没有什么可怀疑的。除了许多属于某种诸如甲壳类和犀牛类的生物学形式的演化这一趋向而外，看来日益增多的生物学形式的数目和种类扩展到日益增大的环境条件的范围里去的这一**一般**的趋向，正在变得可以以生物学的规律（以及初始条件，那对生物体的地理环境作了某些假设，并且和生物学规律一道蕴涵着，例如，叫作"自然选择"的那种重要机制在起作用的条件）来加以解释。①

这一切看来都像是在反对我们，并且的确像是在支持穆勒和历史主义。但是情况并非如此。已经得到解释的趋向确实是存在

---

① 关于对进化趋向的讨论，见 J. 赫胥黎《演化》（1942）第 9 章。关于赫胥黎的演化进步的理论（上引书第 10 章），在我看来似乎所能合理地加以肯定的全部就是：朝着形式多样化的增加等等的普遍趋向就为这一陈述留下了余地，即"进步"（赫胥黎的定义下面再讨论）有时出现，有时则否；某些形式的演化有时是进步的，但大多数则否；而且也并没有一个一般的理由，我们为什么应该期待那些曾经取得了更多进步的**形式**在未来就会出现，（可比较赫胥黎的论辩——例如上引书第 571 页——如果人类被消灭了，则在最高程度上的更多的进步就是不大可能的。尽管他的论点说服不了我，但其中仍有一种我倾向于同意的含义：即生物学的进步仿佛是某种偶然的东西）。关于赫胥黎把演化的进步定义为不断增长着的生物的全面效能，例如，对环境的不断增长的控制力和独立性，我觉得他确实成功地恰当表达了许多曾经使用过这个术语的人的意图。而且我还承认，这些界定的术语并不是人类中心的（anthropocentric）；它们并不包含任何评价。不过，把效能和控制的增加叫作"进步"，在我看来就表示了一种评价；它表达了一种信念，即效能和控制乃是好的，而生命的传播及其对死事物的进一步的征服乃是值得向往的。但是，另外采用非常之不同的价值肯定也是可能的。因此，我并不认为赫胥黎关于他已经为演化的进步给出了一种摆脱了拟人主义（anthropomorphism）和价值判断的"客观定义"这一说法是站得住的［见上引书，第 559 页，又见第 565 页，反驳海尔丹*（J. B. S. Haldane）之认为进步观念乃是人类中心的观点］。

* 海尔丹（John Burdon Sanderson Haldane, 1892—1964），英国科学家。——译者

的，但是它们的持续却有赖于某些特定的初始条件——这些条件有时又反过来会成为趋向——的持续。

穆勒和他的历史主义者的伙伴们**忽视了趋向对初始条件的依赖性**。他们操作起趋向来，就好像它们也像规律一样地是无条件的。他们把规律和趋向混为一谈，① 就使得他们相信趋向是无条件的（因而也是一般的）；或者我们可以说是相信了"**绝对的趋向**"，② 例如，相信一种朝向进步的一般历史趋势——"一种朝向更美好、更幸福的状态的趋势"。如果他们毕竟还考虑到把他们的趋势"归结"为规律，那么他们就相信，这些趋势可以径直单独从普遍的规律中推导出来，诸如心理学的规律（或许还有辩证唯物主义的规律，等等）。

我们可以说，这是历史主义的中心错误。**它那"发展的规律"变成了绝对的趋向**，这些趋向就像规律一样，并不有赖于初始条件，并且它们带着我们不可抗拒地朝着某种方向走入未来。它们是无条件的**预言**的基础，而与有条件的科学**预告**相反。

但是，对于懂得趋向有赖于条件的人，那些力图找出这些条件并且明白地做出总结的人，又会怎么样呢？我的回答是，我和他们并没有争执。相反地，趋向的出现是无可怀疑的。因此，我们的艰巨任务就是要尽我们所能地解释它们，亦即尽可能精确地

---

① 在穆勒的例子中，正是这种混淆才主要地造成了他对我所称之为"绝对趋向"的存在怀有信念；通过对他的《逻辑》第3卷，第16章的分析，就可以看出这一点。

② 有某些逻辑上的理由，可以把对绝对趋向的信念描述成非科学的或形而上学的（可比较本书第139页注释①）。这样一种趋向就可以用一个非特定的或一般化的存在论的陈述来概括（"存在着如此这般的一种趋向"），既然对偏离这个趋向的观察并不能证否这一陈述，所以我们就不能检验这种陈述；因为我们总可以希望着，"从长远说"，相反方向的偏离又会把事情纠正过来。

四 拥自然主义学说批判 113

确定它们得以持续的条件（参见第32节）。①

问题是这些条件太容易被人忽略了。例如，有一种"生产资料的集中"的趋向（如马克思所说的）。但是，我们难以预期它在人口迅速减少的情况下也会持续；而这样一种减少又可以反过来有赖于超-经济的条件，例如，偶然的创造，或者一种可以想象的工业环境对生理学的（也许是生物化学的）直接冲击。确实是存在着无数可能的条件；而为了能在我们探讨一种趋向的真实条件的过程中检验这些可能性，我们就必须始终努力想象使那些所讨论的趋向得以消失的条件。然而，这恰恰是历史主义者所不能做到的事。他坚决相信他所偏爱的趋向，而使它会消失的条件则对他是不可想象的。我们可以说，历史主义的贫困乃是想象力的贫困。历史主义者不断在谴责那些在自己的小小世界里不能想象任何变化的人；然而，却似乎是历史主义者自己才是缺乏想象力的，因为他不能想象在变化的条件之下的变化。

---

① 如果我们成功地对一个单独的趋向 t 确定了完全的或充足的独特条件 c，那么我们就能够概括出一条普遍规律："任何时候，只要有 c 类的条件，就会有 t 类的趋向"。从逻辑观点看来，这样一种规律的观念是无可非议的；不过，它非常之不同于孔德的和穆勒的相继规律的观念，他们的观念像是一种绝对的趋向或一种数学序列的规律，标志着事件一般过程的特征。此外，我们怎样才能够确定我们的条件是充足的呢？或者，换个说法，我们怎样才能检验上述的形式的规律呢？[我们决不可忘记，我们这里是在讨论第27节的立场（b），它包含着趋向是可以被检验的这一主张。]为了检验这样一种规律，我们就必须尽力创造一些能使其失效的条件；为了这一目的，我们就必须努力表明 c 类条件是不充分的，并且即使 c 类条件存在，t 那样一种趋向也并不总是会出现。这样一种方法（将在第32节里加以概述）会是无可非议的，不过它却并不适用于历史主义者的绝对趋向，因为那类趋向是社会生活之必然的和无所不在的伴随物，是不可能被任何对社会条件的可能的干涉加以消除的。（这里，我们能又一次看到对非特定趋向，如一般趋向的信念的"形而上学的"特征；表达这种信念的陈述是不可能被检验的；见上一个注释）。

29. 方法的统一性

在上一节中我提出，这里所分析的演绎方法是广泛地为人使用的而且是重要的——例如，更有甚于穆勒所曾想到的。为了要说清自然主义与反自然主义之间的争论，这一提法现在就要加以更进一步的阐述。在本节中，我要提出一种关于方法的统一性的学说，也就是说这一观点：一切理论的或概括的科学都使用的是同一种方法，无论它们是自然科学还是社会科学，（我把对历史科学的讨论推迟到第 31 节）。同时，某些我还未曾充分加以考察的历史主义学说也将被涉及，诸如概括化的问题、唯本质论的问题、直觉理解所起的作用的问题、预告的不精确性的问题、繁复性的问题以及定量方法的应用问题。

我并不想要肯定，有关自然的与有关社会的理论科学的方法之间并不存在任何区别；这种区别显然是存在着的，甚至于既存在于各门自然科学自身之间，又存在于各门社会科学自身之间，（例如，可以比较对于竞争性市场和对于罗曼语的分析）。然而，我同意孔德与穆勒——以及其他许多人，比如 C. 门格尔[①]——这两个领域之内的方法基本上是同样的，（虽则我心目之中的方法也许和他们心目之中的方法不同）。这些方法总是包括提供演绎性的因果解释，并包括检验（以预告的方式）它们。这有时候也被称为假说－演绎方法，[②] 或者更多地被称为假说方法，因为它对于它所检验的任何科学陈述都没有得出绝对的确定性；倒不如说，这些陈述总是保留着尝试性假说的特征，哪怕是在它们通过了许多次严格的检验之后，它们的尝试性的特征已经不明

---

① C. 门格尔（Carl Menger, 1840—1921），奥地利经济学家。——译者
② 见克拉夫特（V. Kraft）《科学方法的基本形式》（1925）。

显了。

由于它们的尝试性的或临时性的特征，假说就被大多数方法论的学者们认为，**在它们最终必须被已经证明了的理论**（或者是在某种概率计算的意义上至少可以被证明为有"高度概然"的理论）**所代替的那种意义上，乃是临时性的**。我相信，这种观点是错误的，而且它导致了一大堆完全不必要的困难。然而，这个问题③在这里比较没有什么重要性。重要的是应当认识到，在科学中，我们所关心的总是解释、预测和检验，而且检验假说的方法又总是同样的（参见前一节）。从要加以检验的假说——例如，一种普遍规律——以及某些对于这一目的并不被认为成为

---

③ 见我的《科学发现的逻辑》，本节就是以该书为依据的，尤其是以演绎的办法进行检验的学说（"演绎主义"）和任何进一步的"归纳"都成为多余的学说（"假说主义"），因为理论总是保留着它们的假说性质，以及科学检验的真正企图乃是对理论进行证伪的学说（"取消主义"）；又见关于可检验性和可证伪性的讨论。

这里指出的**演绎主义和归纳主义**之间的对立，在某些方面就相应于**理性主义**和**经验主义**之间的古典区别：笛卡尔是一位演绎主义者，因为他把一切科学都设想为演绎的体系，而从培根以来的英国经验主义者则都认为科学就是收集观察的资料并通过归纳法从其中得出概括来。

不过笛卡尔认为，演绎体系的原理、前提必须是可靠的和自明的——"清楚的和明晰的"。它们依据的是理性的洞察力（用康德的话来说，则它们是综合的和先验有效的）。与此相反，我以为它们乃是尝试性的猜测或假说。

我要争论说，这些假说在原则上必须是可以反驳的：正是在这里，我就背离了两位现代最伟大的演绎主义者：彭加勒*（Poincare）和杜恒*（Pierre Duhem）。

彭加勒和杜恒都承认不可能把物理学的理论设想为归纳性的概括。他们认识到，构成号称是概括化的起点的对观察的衡量倒相反地乃是**从理论的角度所作的解释**。他们不仅否定归纳主义，而且也否定理性主义对综合先验的有效原理或公理的信仰。彭加勒解释它们是定义，在分析上是真确的；杜恒解释它们是工具［和红衣主教贝拉米诺（Cardinal Bellarmino）和柏克莱主教*（Bishop

问题的其他陈述——例如，某些初始条件——之中，我们就推导出来了某种预测。然后，只要有可能，我们就以这种预测来对勘实验的或其他的观察结果。与它们相一致，就被认为是确证了这个假说，虽说还不是最后的证明；而明显的不一致，就被认为是被反驳了或者证伪了。

根据这一分析，解释、预告和检验之间并没有重大的区别。这个区别并不是逻辑结构上的区别，而是重点方面的区别；它取

Berkeley）一样]，是整理实验定律的手段——他认为，实验定律是由归纳法获得的。因此，理论就不能包含着或则是真或则是假的信息：它们只不过是工具，因为它们只能是方便的或不方便的、经济的或不经济的；它们是驯服而精巧的，否则就是生硬而粗糙的（于是杜恒就跟着柏克莱说，不可能有逻辑上的理由说，为什么两个或更多的互相矛盾的理论就不应该一起都被接受）。我完全同意这两位伟大的作者否定归纳主义和对物理理论的综合先验有效性的信仰。不过我不能接受他们关于不可能使理论体系服从于经验检验的看法。我认为它们之中有些是可检验的，也就是，在原则上是可以被驳倒的；因此，它们就是综合的（而不是分析的）、**经验的**（而不是先验的）而且是**信息性的**（而不是纯粹工具性的）。至于杜恒对决定性的实验的著名批判，他仅仅表明决定性的实验决不能证明或确立一种理论，但他在任何地方都没有表明决定性的实验不能驳倒一种理论。可以承认，当杜恒说我们仅仅能检验庞大复杂的理论体系而非孤立的假说时，他是正确的。但是如果我们检验只是在一个假说上意见不同的两个这样的体系，并且如果我们设计各种实验，能驳倒第一个体系而又能很好地证实第二个体系的话；那么，假如我们把第一个体系的失败归咎于它与另一个有着不同的那一假说，我们就可以很明智地有可靠的理由了。

* 彭加勒（Henri Poincare, 1854—1912），法国数学家、物理学家和天文学家。他在哲学上追随马赫主义。——译者

* 杜恒（Pierre Duhem, 1861—1916），法国理论物理学家、哲学家和自然科学史家。他在认识论上是马赫主义者。——译者

* 柏克莱主教（Bishop Berkeley, 1684—1753），英国哲学家、英国国教会主教。——译者

决于**我们把什么认为是我们的问题**，以及把什么认为不是。如果我们的问题并不是要发现一种预知，而我们又把发现那些我们从其中可以推出一种**给定**的"预知"来的初始条件或某些普遍规律（或者两者）当作我们的问题；那么我们就是在寻找一种**解释**了，（而给定的"预知"就变成了我们的"explicandum"["被解释的东西"]）。如果我们把规律和初始条件看作是给定的（而不是有待发现的），并且我们使用它们仅只是为了推导出预知，以便由此获得某些新的信息；那么，我们就是试图在作出**预告**了，（这是一个我们在其中**应用**科学结果的实例）。而如果我们认为其中有一个前提，无论是一种普遍规律还是一种初始条件，是有问题的，并且认为预知是某种要和经验的结果进行比较的东西；那么我们所谈的就是对有问题的前提进行检验了。

检验的结果就是**选择**出那些经受住了检验的假说，或者说**消除**掉那些经受不住检验因而被否定了的假说。认识到这一观点的后果是重要的。后果便是：一切检验都可以解释为是淘汰错误理论的努力——亦即要发现一种理论的弱点，以便否定它，如果它被检验所证伪了的话。这一观点有时被认为是悖论；据说是，我们的目的是要建立理论，而不是要消除错误的理论。然而，正因为我们的目的是要尽我们的所能来建立理论，所以我们就必须尽我们的所能严格地检验它们；也就是，我们必须竭力去发现它们的错误，我们必须竭力去证伪它们。只有当我们竭尽全力而不能证伪它们时，我们才可以说，它们经受住了严格的检验。这就是为什么如果我们并没有尽力去发现反驳，或者是并未能发现的话，那么发现了可以证实一种理论的例证，就没有什么意义了。因为如果我们不采取批判态度的话，我们就总是可能发现我们所需要的东西：我们可以寻求并且找到证据，我们也可以回避并且看不见那可能威胁到我们心爱的理论的任何事物。以这种方式，要获得看来对支持一种理论具有压倒力量的证据，那就太容易了；而如果是从批判的态度下手的话，那种理论本来是会被否定的。为了以消去法使得选择的方法起作用，并且保证只有最合适的理论才得以存留，各种理论之间的生存斗争就必须搞得是十分严酷的。

这大体上就是一切以经验为依据的科学的方法。但是，我们借以**获得**我们的理论或假说的那种方法又是怎样的呢？**归纳的概括**以及我们从观察进入理论的那种方式又是怎样的呢？对于这个问题（以及对于那些在第 1 节中讨论过的学说，只要它们不曾在第 26 节中讨论过），我将做出两个回答。(a) 我不相信，我们曾在如下的意义上做出过归纳的概括，即我们是从观察出发并试图从它们之中推导出我们的理论。我相信，以为我们是以这种方式在工作的那种偏见，乃是一种视觉上的幻觉；而且在科学发展的任何阶段，我们都不能不是从某种具有理论性质的东西而开始，诸如假说、偏见或问题——往往是技术性的——它们在以某种方式**指导**着我们的观察，帮助我们从无数的观察对象之中选择出来那些可能是最为有关的。① 但是，如果情形是这样，那么消去法——它只不过是第 24 节里讨论过的试错法——就总是可以应用的。然而我并不认为，我们目前的讨论有必要坚持这一点。因为我们可以说，(b) 从科学的观点来看，无论我们是由于跳到并无根据的结论上去、还是仅只由于被它们绊倒了（也就是被"直观"）、还是由于某种归纳程序而得到我们的理论，都是不相干的事。"最初你是怎样**发现**你的理论的？"这个问题仿佛是涉及一桩全然私人的事，而与"你是怎样**检验**你的理论的"

---

① 这种方式——在其中甚至于植物观察都要由理论来指导（并且其中的观察甚至可以受到偏见的影响）——的一个惊人的例子，见 O. 弗兰克尔 (O. Frankel) 的《赫伯 (Hebe) 等等的细胞学和分类学》，《自然》，147 卷 (1941)，第 117 页。

这个问题相反；但只有这后一个问题才与科学有关。而这里所描述的检验方法却是成果丰硕的；它导致了新的观察，导致了理论和观察之间的相互迁就。

我相信，这一切不仅对自然科学，而且也对社会科学是正确的。而且在社会科学中甚至要比在自然科学中更为明白的是，在我们对我们的对象有所思考之前，我们是不可能看到和观察它们的。因为大部分社会科学的对象——如果不是全部的话——都是抽象的对象；它们乃是**理论**的构造，（即使"战争"或"军队"也是抽象的概念，虽然这在某些人听起来也许有点奇怪。具体的则是有许多人被杀害了，或者穿军装的男人和女人，等等）。这些对象、这些用以解释我们经验的构造，都是建构出某些**模型**（尤其是制度的模型）以便解说某些经验的结果——这在自然科学中是一种常见的理论方法，（在自然科学那里，我们建构出我们的原子模型、分子模型、固体模型、液体模型，等等）。它是以归结法做出解释这种方法的一个部分，或者说是从假说进行演绎。我们往往并没有觉察到我们是在运用着假说或理论的这一事实，从而我们就把我们的理论模型错当成具体的事物了。这只不过是一种太普通的错误。① 模型往往是以这种方式加以使用的这一事实，就解释了——而这样一来，也就摧毁了——方法论的唯本质主义的各种学说（参见第 10 节）。这就解释了它们，因为模型的特性乃是抽象的或理论的，于是我们就很易于感到，我们或者是在变化着的可观察的事件之中，或者是在它背后，把它看作一种永久的幽灵或本质。说它摧毁了那些学说，是因为社会科学的任务乃是在以描述的或唯名论的词句来审慎地建构和分析社

---

① 这一段和下一段，可以和哈耶克的《唯科学主义和社会研究》第 1 和第 2 部分，（《经济》第 9 卷和第 10 卷）相比较。哈耶克在那里批判了方法论的集体主义，也详细讨论了方法论的个人主义。

会学的模型；那就是说，是以**个人**的以及个人的态度、期望和关系等的**词句**在进行的——这种公设可以称之为"方法论的个人主义"。

自然科学方法与社会科学方法的统一性，可以从分析哈耶克教授《**唯科学主义和社会研究**》一书里的两段话来加以说明和辩护。①

在这两段话的第一段里，哈耶克教授写道：

"借助于他自己领域里的一种类比而希望理解社会科学问题的物理学家，就必须想象这样的一个世界，在那里，他们是以直接的观察来认识原子内部的，却既没有可能用大量的材料来进行实验，又没有机会观察到比在一个有限的期间内只有相当少量的原子之间的相互作用更多的东西。根据他对各种不同的原子的知识，他可以建造起所有各种不同方式的模型，在那里，原子可以结合成更大的单位，并使得那些模型越来越精密地重现那些少数几个实例的全部特征，使他可以从中观察更复杂的现象；然而，他可能从自己对微观世界的认识中推导出来的宏观世界的规律，却始终会是"**演绎性的**"；由于他对复杂情况的数据的知识有限，所以它们任何时候都难以使他预告一种特殊情况的精确结果；而他也决不可能以受控的实验来证实它们——虽则它们可以通过对一些根据他的理论乃是不可能的事件所进行的观察来而被"**否证**"。

我承认，这段话的第一句是针对着社会科学与物理科学之间的某些区别的。但是这段里其余的话，我却认为是在为彻底的**方法的统一性**而辩护的。因为，如果——正如我毫不怀疑的——这是一个关于社会科学方法的一种正确的描述，那么它就表明它只是不同于我们所已经摒弃了的那类对自然科学的方法

---

① 关于这两段，见《经济》第 9 卷，第 289 页以下（黑体字是我的）。

的解释而已。尤其是,我想到的是"归纳主义者的"解释,即认为在自然科学中,我们是通过某种概括化的方法而在系统地从观察走向理论,而且通过某种归纳的方法我们就可以"证实"、甚至于证明我们的理论。这里,我一直是在提倡着一种十分不同的观点——即把科学方法解释为演绎的、假说的、通过证伪方法而进行选择的,诸如此类。而这一关于自然科学方法的描述,完全与哈耶克教授对社会科学方法的描述是一致的。(我有一切理由相信,我对自然科学方法的解释并没有受到任何有关社会科学方法的知识的影响;因为在我最初发挥它时,我的心目之中仅仅有着自然科学①,而我对于社会科学则几乎近于一无所知)

然而,即使引文第一句话中所提到的区别也并不像它初看起来那么大。毫无疑问这是真确的,即我们对"人的原子内部"要比我们对物理原子内部有着更直接的知识;但这种知识是直观的。换句话说,为了构思有关某些别人或一切人的**假说**,我们肯定要运用我们有关自己的知识。但是这种假说必须受到检验,它们必须服从以淘汰进行选择的方法。(直观甚至于妨碍某些人能想象,竟会有任何人可能不喜欢巧克力。)这是真确的,即物理学家在构思他的有关原子的假说时,他并没有得到这种直接观察的帮助;然而他却十分经常地在运用某种同情的想象或直观,这可以很容易使他感到自己甚至是密切地熟悉"原子的内部"的——甚至于是熟悉原子的怪癖和偏见。不过,这种直观是他私人的事情。科学则仅只关心他的直观所可能激发的各种假说,然后则仅只关心那些假说是否富有成果,以及它们能否确切地加以检验。(哈耶克教授第一句话中所提到的另一个区别,即进行实

---

① 比较《认识》(*Erkenntnis*)Ⅲ,第 426 页以下,以及我的《研究的逻辑》,1934,它的副标题可以译作"论自然科学的认识论"。

验的困难,可参见第 24 节。)

这几句简短的话也可以指明对第 8 节中所阐发过的那种历史主义学说应该予以批判的方式——也就是说,那种认为社会科学必须采用直观理解方法的学说。

在第二段话里,哈耶克教授谈到社会现象时说:"……我们对这些现象所由以产生的那种原理的认识,极少(假如有的话)能使我们预告任何**具体**情况的精确结果。当我们能解释某些现象所由以产生的原理,并能根据这一知识**排除某些结果的可能性**时,例如,某些事件在一起发生的可能性时;我们的知识在某种意义上将只是消极的,也就是,它将仅只能使我们排除某些结果,但并没有能使我们把可能性的范围充分缩小到仅剩下一个。"

这段话远不是描述社会科学所特有的一种局势,而是完美地描述了自然规律的特性,自然规律确实是除了**排除某些可能性**而外,再不能做更多的事了("竹篮不能打水",见以上第 20 节)。尤其是,我们照例是不能够"预告任何具体情况的精确结果的"这一陈述,就表示了预告的不精确性的问题(见以上第 5 节)。我的主张是,恰好这一点可以用于叙述具体的物理世界。一般说来,只有靠使用人工的实验隔离,我们才能够预告物理事件。(太阳系是一个例外的情况——它是一种自然的、而不是人工的隔离的例子;一旦它那隔离为足够大的外来天体的冲击所破坏,我们的全部预测就会破产。)甚至在物理学中,我们也远不能预告一种**具体**情况的精确结果,诸如一场雷雨或者一场火灾之类。

关于复杂性的问题,这里可以补充一段很简短的论述,(见以上第 4 节)。毫无疑问,对任何具体的社会情况进行分析,都会被它那复杂性弄得极其困难。然而,这对分析任何具体的物理情况也同样适用。① 认为社会情况要比物理情况更为复杂这一广泛为人所持有的偏见，似乎出于两个来源：一个是，我们总是好比较本来不应当加以比较的事物；一方面，我指的是具体的社会情况，另一方面则是人工绝缘的实验物理的情况，（后者倒不如说可以比作人工绝缘的社会情况——例如一座监狱或一个实验性的公社。）另一个来源则是一种古老的信仰：即，对一种社会情况的描述应该包括每一个有关的人的心灵状况乃至身体状况（或者也许是，它甚至于应该归结为这些）。然而这种信仰却不能证明是有道理的；它甚至于比这一不可能的要求，即要求一项具体的化学反应应当包括对全部有关的基本粒子的原子的与亚原子的状况的描述，更加不能证明为有道理，（虽则化学的确可以归结为物理学）。这一信仰也表明了一种流行观点的烙印，即诸如制度或社团之类的社会实体乃是像人群那样的具体的自然实体，而不是构造出来用以解释某些被挑选出来的抽象的个人之间关系的那些抽象模型。

但是事实上，却有很好的理由不仅支持社会科学不像是物理学那么复杂的这一信仰，而且还支持具体的社会情况通常都不像具体的物理情况那么复杂这一信仰。因为在大多数——如果不是在所有的——社会情况中，都有一种**合理性**的因素。可以承认，人类几乎从不曾完全合理地行动过（就是说，像如果他们能够做出最佳地利用一切可利用的信息来达到任何他们可以抱有的目的的话，他们就会做的那样）；然而他们却仍然或多或少是在合理地行动着；而这就使得我们有可能构造比较简单的有关他们的作用的和相互之间的作用的模型，并把这些模型用来作为近似值。

在我看来，最后一点似乎的确指出了自然科学和社会科学之间

---

① 可以在门格尔的《全集》第 2 卷（1883 年和 1933 年）第 259—260 页中找到一种多少类似的论据。

一种相当巨大的差别——或许**是这两种方法之间的最重要的差别**；因为其他重要的差别，也就是进行实验（见第 24 节末尾）和应用定量方法的特殊困难，与其说是性质上的差别，不如说是程度上的差别。我说的是在社会科学中采用可以称之为逻辑构造或合理性构造的方法，或者也许可以说是"零点方法"的可能性。① 我这里是指就所有有关的个人方面之完全合理性的假设（也许还有他占有完全的信息这一假设）而构造模型的方法，以及根据估计人们实际行为对模型行为的偏离（以后者作为一种零点坐标）而构造模型的方法。② 这种方法的一个例子就是比较实际行为（比如说在传统偏见等影响之下的行为）和在"选择的纯粹逻辑"基础上所能期待的模型行为（像经济学方程所描述的那样）。例如，有趣的马尔夏克（Marschak）的"货币幻觉"就可以用这种方式加以解释。③ 把零点方法应用于不同领域里的尝试，可见之于 P. 撒尔干·佛罗伦斯（P. Sargant Florence）对工业中"大规模操作的逻辑"与"实际操作的不合逻辑"所做的比较。④

我愿意顺便提一下，无论是方法论的个人主义的原理还是构造合理模型的零点方法的原理，我认为都并不蕴涵着采用心理学的方法。正好相反，我相信这两种原理可以和下述的观点⑤结合

---

① 见马尔夏克在《货币幻象与需求分析》[《经济统计学评论》(*The Review of Economic Statistics*) 第 25 卷，第 40 页]一文里所讨论的"无效假说"——那里所描述的方法似乎部分地与哈耶克教授步门格尔之后称之为"合成的" (compositive) 方法相吻合。

② 这里甚至于可以说，社会科学中使用合理的或"逻辑的"模型，或使用"零点方法"，也在自然科学，尤其是热力学与生物学中，有着某些模糊的平行现象（机械模型的以及过程与器官的生理模型的构造），[也可以比较变易法（Variational methods）的运用]。

③ 见马尔夏克，上引书。

④ 见 P. 撒尔干·佛罗伦斯的《工业组织的逻辑》(1933)。

⑤ 这个意见在我的《开放的社会》第 14 章里曾加以更充分的发挥。

起来，即社会科学是比较独立于心理学的假设之外的，而且心理学则可以不作为全部社会科学的基础而只作为其中的一门社会科学来看待。

在结束这一节时，我必须提一下我认为是某些理论自然科学方法和某些理论社会科学方法之间的另一个主要的差别，我指的是与计量方法，尤其是与测量方法应用有关的特殊困难。[①] 其中的一些困难可以、并且已经被统计方法的应用所克服了，例如在需求分析上。而且他们是**一定要被克服的**，假如（比如说）某些数理经济学的方程式准备为甚至于是单纯的定性应用提供一个基础的话；因为没有这种测量，我们往往就不大懂得究竟某些反作用的影响是否超过了以单纯定性的项目所计算出来的效果。因此，单纯定性的考察有时候很可能是欺骗人的；用弗里希（Frisch）[②] 教授的话来说，那就正像是说"当一个人要把船划向前去的时候，船却由于他的脚所施加的压力而被驱向后退了"[③] 是一样地骗人。然而不容置疑的是，这里存在着某些基本困难。例如，在物理学中，我们方程式的参数在原则上可以归结为少数几个自然常数——这种归结法在许多重要事例中都引用得很成功。在经济学中情形却不是这样；在这里，在最重要的事例中参数本身就是迅速在变化着的变数。[④] 这就显然减低了我们测量工作的意义、可解释性以及可检验性。

30. 理论科学和历史科学

我刚才辩护了科学方法的统一性对理论科学的应用，这一论

---

① 哈耶克教授上引书第 290 页以下，讨论了这些困难。
② 弗里希（Ragnar Frisch, 1895—1973），挪威经济学家。——译者
③ 见《计量经济学》（*Econometrica*）Ⅰ（1933），第 1 页以下。
④ 见罗宾斯（Lionel Robbins）《经济》第 5 卷，尤其是第 351 页。

点可以稍加限定甚至于推广到历史科学的领域。而且，无须抹杀理论科学与历史科学之间的基本区别——例如，以社会学或经济理论或政治理论为一方和以社会史、经济史和政治史为另一方之间的区别，这个区别是曾经屡屡被最优秀的历史学家们所强调肯定的——就可以做到这一点。它是对普遍规律的兴趣与对特殊事实的兴趣之间的区别。我要为如此之经常地被历史主义者所攻击为过了时的一种观点而辩护，即**历史学的特征与其说是对规律或概括化的兴趣，还不如说是对实际的、单一的或特定的事件的兴趣**。

这一观点完全与以上各节对科学方法，尤其是对因果解释所做的分析相符合。情况简单地就是这样：理论科学的主要兴趣在于发现并检验普遍的规律，而历史科学则把各种各样的普遍规律看作是当然的，其主要的兴趣就在于发现并检验单一的陈述。例如，给定一个独特的"Explicandum"（"待解释的东西"）——即一桩单一的事件——历史科学可以寻求能解释那种东西的独特的初始条件（它和可能无关的各种各样的普遍规律在一起）。或者，历史科学可以用它来和其他单一的陈述一起作为初始条件，并从这些初始条件之中（再次借助于各种各样无关的普遍规律）演绎出某种新的"预测"，由此来**检验**一种给定的独特假说；那种预测可以描述一件发生在遥远过去的事件，也可以用经验的证据进行对勘——或许是和文件或铭文等相对勘。

在这种分析的意义上，就"原因"总是被独特的初始条件所描述这一点而言，对于一桩独特事件的**一切**因果解释都可以说是历史的。而这也完全符合这一流行的见解：即，从因果上解释一件事物，也就是解释它是怎样和为什么发生的，也就是说，讲出它的"故事"来。但是只有在历史学中，我们才对一桩**独特**事件的因果解释真正感兴趣。在理论科学中，这类的因果解释则主要是达到另一个不同目的——即检验普遍的规律——的手段。

四 拥自然主义学说批判

如果这些考察是正确的，那么某些进化论者和历史主义者（他们鄙弃过了时的历史学，而想把它改造成为一门理论科学）对起源问题所表现的炽热兴趣就有点不是地方了。**起源的问题乃是"怎样和何以"的问题。它们在理论上是比较不重要的**，并且通常只有一种特殊的历史兴趣。

要反对我对历史解释的分析，① 人们可以论证说，与那么多的历史学家强调宣称历史学对普遍规律没有任何兴趣相反，历史学**确实**是在运用普遍规律的。对于这一点，我们可以回答说，一桩独特的事件只有相对于某些普遍的规律，才是另一个独特事件的原因——后者则是前者的结果。② 但是，这些规律可能是如此之琐细、如此之甚地成为我们常识的一部分，以致我们没有必要提起它们，并且极少注意它们。如果我们说，吉奥达诺·布鲁诺③致死的原因是被焚烧在火刑架上，那么我们就没有必要提到一切有生之物暴露在极强的温度之下都会死亡的那条普遍规律了。但是在我们的因果解释中，却隐含地假设了这样一条规律。

当然，在政治史家所预先假设作为前提条件的各种理论中，

---

① 我的分析可以和摩顿·G. 怀特（Morton G. White）的《历史的解释》（《心灵》新刊，第52卷，第212页以下）一文中的分析相对照。他把他的分析置于我对因果解释的理论之上，那是 C. G. 亨普尔（C. G. Hempel）的一篇文章中所转述的。然而，他却得出了一个很不相同的结果。他不顾历史学家对独特事件的特殊兴趣而提出了：如果一种解释是以使用社会学的术语（和理论）为其特征，那么它就是"历史的"。

② 这一点也被韦伯*（Marx Weber）看到了。他在其《科学论文集》（1922）一书第179页说的话，乃是我所知道与这里提出的这个分析最为接近的预告。但是我认为，当他提出理论科学和历史科学之间的不同就在于所使用的规律的普遍性的程度时，他却是错误的。

③ 吉奥达诺·布鲁诺（Giordano Bruno, 1548—1600），意大利哲学家，因相信哥白尼学说，反对经院哲学，被教会烧死。——译者

　　* 韦伯（Marx Weber, 1864—1920），德国社会学家和政治经济学家。——译者

有些是社会的理论——例如，权力社会学。但是历史学家即使是使用这些理论时，也照例并没有察觉到它们。他使用它们，大体上并不是作为帮助他来检验自己特定假说的普遍规律的，而只是作为在他自己的术语之中所隐含的东西。在谈到政府、民族、军队时，他通常是不自觉地在运用由科学的，或前-科学的社会学分析所提供的"模型"（见上一节）。

可以指出，各种历史科学在它们对待普遍规律的态度上，相距得并不太远。无论什么时候，只要我们遇到科学实际上是应用于一个独特的或特定的问题，我们都发现相似的情况。例如，想分析某个给定化合物——比如说，一块岩石——的应用化学家，几乎并不考虑任何普遍的规律。相反，他可能不加什么思索就使用某些常规的技术，而这种技术从逻辑观点看来，都是对"这种化合物含有硫"之类的**单独**的假说的检验。他的兴趣主要地是一种历史的兴趣——是对一组独特的事件或是对一个个别物理物体的描述。

我认为，这一分析就澄清了某些历史学方法研究者之间的一些著名的争论。① 有一组历史主义者肯定说，历史学不是单纯罗列事实，而是要以某种因果联系来表达它们，所以就必须关心对历史规律的制定，因为因果性在根本上就意味着由规律来决定。而另一组也包括历史主义者在内，则论证说，即使是独一无二的事件，即那些仅仅发生一次而它们之间又并没有任何"一般性"的事件，也可以是其他事件的原因，而这就正是历史学所关心的那种因果关系了。我们现在可以看到，这两组都是部分正确的和部分错误的。普遍的规律和特定的事件一道，都是进行任何因果解释所必需的；但是在理论科学之外，普遍的规律通常却很少引起人们的兴趣。

---

① 例如，见韦伯（Weber）上引书第 3 页以下，第 44 页以下，第 48 页，第 215 页以下，第 233 页以下。

这就把我们引到了历史事件的**独一性**的问题。只要我们所涉及的乃是对典型事件的历史解释，那些事件就必然被当作是典型的、当作是属于某些种或类的事件。因为只有那样，在因果解释上才可以应用演绎法。然而，历史学所关心的不仅是对特定事件的解释，而且也是对如此这般的特定事件本身的描述。毫无疑义，历史学最重要的任务之一，就是要以它们的特殊性或独一性来描叙令人感兴趣的事件；那就是说，要包括历史学所并不打算从因果上加以解释的那些方面在内，例如与因果并无关系的"偶然"事件在同时出现。历史学的这两项任务——即解开因果线索和描叙这些线索之交织在一起的"偶然"方式——都是必要的，它们是相辅相成的；一桩事件在某一个时候可以看作是典型的，即从它的因果解释的角度加以考虑时，另一个时候又可以看作是独一无二的。

这些考虑也可以应用于第 3 节中所讨论的**新颖性**的问题。那里对"排列的新颖性"与"内在固有的新奇性"之间所作的区别，就相当于现在的这种因果解释的观点与对独一无二的事物的评价观点之间的区别。只要新奇性能够理性地加以分析和预告，它就决不可能是"内在固有的"。这就摒除了历史主义的学说，即对于预告内在地新的事件的出现这个问题，社会科学应该是可以应用的——那种主张可以说是最终建立在对预告和对因果解释的不充分的分析基础之上的。

31. 历史的形势逻辑　历史的解释

但这就是全部了吗？历史主义者要求改革史学——要求一种起着理论历史学的作用的社会学或者一种历史发展的理论；难道这里面就没有任何东西了吗？（见第 12 节和第 16 节）。在历史主义对"时期"、一个时代的"精神"或"风格"、不可抗拒的历史趋势，以及抓住了个人的心灵、汹涌如洪水般地在推动着个人而不是被个人所推动的各种运动的观念之中，难道这里面就没有任何东西了吗？例如，凡是在《战争与和平》中读过托尔斯泰——不用怀疑，他是个历史主义者，但却在坦率地陈述着自己的动机——所思考的西方人对东方的运动以及俄罗斯人对西方的相反运动的人，[①] 没有一个能否认，历史主义是回答了一种真正的需要。在我们可以认真地希望摒弃历史主义之前，我们必须拿出更好的东西来满足这一需要。

托尔斯泰的历史主义是对这样一种历史写作方法的反动：这种方法含蓄地接受了领导原则的这一真理，把许多功劳——太多的功劳，如果托尔斯泰是正确的话，而且他无疑是正确的——都归之于伟大的人物、领袖。在可以称之为事件逻辑的那种东西的面前，托尔斯泰力图表明——而我认为是很成功的——拿破仑、亚历山大、库图佐夫以及1812年[②]其他伟大领袖们的行动与决定的影响并不大。托尔斯泰正确地指出了无数不知名的个人，那些进行战斗的人、那些焚烧了莫斯科的人以及那些创造了游击战术的人，他们的决定与行动为人们忽略，但却有着十分巨大的重要性。然而他相信，他能够在这些事件中看到某种历史的决定性——命运、历史规律或某种计划。在他的历史主义的行文中，他结合了方法论的个人主义和集体主义，那就是说，他代表了一种民主-个人主义的要素和集体-民族主义的要素之高度典型的结合——这是他那个时代的、恐怕也是我们自己这个时代的典型。

这个例子也许会提醒我们，在历史主义中是有着**某些**健全的因素的，它是对于把政治史单纯地看作大暴君和大统帅们的故事

[①] 这一点就预告了近来汤因比教授所研究的、但没有解答的问题。

[②] 1812年，拿破仑发动侵俄战争；亚历山大第一是沙皇，库图佐夫（Kutuzov, 1745—1813）是抵抗这次侵略的俄军司令。——译者

那种天真方法的反弹。历史主义者正确地感到，可能还有某种东西比这种方法更好。正是这种感觉才使得他们对——时代的、民族的、军队的——"精神"的观念那么富有魅力。

可是，我对这些"精神"丝毫没有同情——既不同情它们唯心主义的原型，也不同情它们辩证的和唯物主义的具体表现——我完全赞同那些以轻蔑的态度对待它们的人们。然而我觉得，它们至少还是指明了有一个空白点存在，而这种地方要用某种更明智的东西，诸如对传统之内所产生的某些问题进行分析，来加以填充，就是社会学的任务了。对**形势的逻辑**进行更详细的分析，还是大有余地的。最优秀的历史学家们常常是或多或少无意识地在利用这个概念：例如，托尔斯泰在描写怎样并不是由于决定，而是由于"必需"，才使得俄国军队不战而放弃莫斯科并撤退到可以得到粮食的地方时。在这种**形势的逻辑**之外，也或许作为它的一部分，我们还需要有像是对社会运动的分析之类的东西。我们需要以方法论上的个人主义为基础来对社会制度进行研究（观念是通过社会制度而传播并俘虏了个人的），对可能创造出新传统的方式进行研究，并对传统在其中起作用和崩溃的方式进行研究。换句话说，我们对民族、政府或市场之类的集合体的个人主义的或制度主义的模型，必须要由政治形势的以及诸如科学进步和工业进步之类的社会运动的模型来加以补充（下一节中将看到对于进步做这样一种分析的概述）。然后，这些模型可以被历史学家们加以使用，部分地是像其他模型那样，部分地则和他们所使用的其他普遍规律一并用之于解释目的。然而，即使这样也还不够，它仍然不能满足历史主义力图要加以满足的全部那些真正的需要。

如果我们根据对历史科学和理论科学的比较来考察一下历史科学，那么我们就可以看出，历史科学对普遍规律缺乏兴趣就把历史科学置之于一种困难的境地。因为在理论科学中，规律比起其他事物来，乃是作为人们注意的中心在起作用的；观察就是和这个中心相联系着的，或者说是作为观察所由以进行的那些观点在起作用的。在历史学中，普遍规律大都是细微的，并且是被人不自觉地在使用着，它们不可能完成这种功能，这就必须要由某种其他的东西来取而代之。因为毫无疑问，没有一种观点，也就没有历史学；像是自然科学一样，历史学也必定是**选择性**的，除非是它要被可怜的、毫无联系的资料洪流所淹没。沿着因果链锁去追溯遥远的过去这一企图，是一点用处也没有的，因为每一种我们可以据之以出发的具体结果，都有着一大堆各种各样的局部原因；那就是说，初始条件是十分复杂的，而且其中大多数对于我们都没有什么关系。

我以为，摆脱这一困难的唯一办法，就是在一个人的历史学中自觉地引入一种**事先构想的**（preconceived）**选择性的观点**，那就是说，要写那种**使我们感兴趣的历史**。这并不是说，我们可以歪曲事实，直到它们能适合一种事先构想的框架为止，或者是我们可以忽略那些并不适合这个框架的事实。① 正相反，凡是与我们观点有关系的全部可利用的证据，都应当审慎地而客观地加以考察（是在下一节要讨论的那种"科学客观性"的意义上）。但是这意味着，一切与我们的观点并无关系、因而并不使我们感兴趣的事实与方面，我们就不必去关心了。

这种选择的办法就完成了历史研究的功能，它在某些方面类似于理论在科学中所起的功能。因此，它们往往被人当作是理论就是可以理解的了。确实，这些能够以**可检验的假说**的形式加以制定的办法中所固有的那些罕见的观念，不管它们是单一的还是普遍的，都可以当作是科学的假说。但是，这些历史的"研究方法"或"观点"照例都是**不可能检验的**。它们不可

---

① 关于对"所有历史知识都是相对的……这一学说"的批判，见哈耶克《经济》第 10 卷，第 55 页以下。

能被否定，因此，表面上的肯定也就没有价值了，哪怕它们多得像天上的星辰。这样一种选择性的观点或历史兴趣的焦点，如果不可能被总结为一种可检验的假说的话，我们就称之为**历史的解释**。

历史主义把这些解释误认为就是理论。这是它的根本错误之一。例如，可以把历史解释为阶级斗争史或种族争霸史或宗教观念史或"开放的"社会与"封闭的"社会之间的斗争史，或者科学与工业的进步史。所有这些多少都是有趣的观点，并且**作为这样**的观点是全然无可非议的。但是，历史主义者却并不这样来说明它们，他们看不到，这里必然有着解释上的多元性，这些解释基本上是处于提示性和任意性两者的同样水平之上的（哪怕其中的某些，可以由其**丰富性**而加以区别——这一观点是很重要的）。反之，这些历史主义者把它们作为学说或理论提出来，宣称"一切历史都是阶级斗争的历史"①，等等。而且如果他们确实发现，他们的观点是硕果丰富的，并且许多事实都可以从这种角度来加以整理和解释；那么，他们就把这误认为是对他们学说的一种肯定，甚或是一种证明了。

另一方面，古典历史学家们正当地反对了这种程序，却又易于陷入另一种错误之中。他们的目标在于客观性，就感到不得不避免任何选择性的观点；但是既然这一点是不可能的，所以他们通常是在采用这些观点而并没有察觉到它们。这就必定会挫败他们要做到客观性的努力，因为一个人不察觉到自己的观点，就不可能批判它并意识到它的局限性。

---

① 马克思在《共产党宣言》中说："至今所有一切社会的历史都是阶级斗争的历史。"（《马克思恩格斯全集》第四卷，人民出版社1958年版，第465页。）恩格斯在《共产党宣言》1888年英文版上对"至今所有一切社会的历史"注："即有文字可考的全部历史"（同上书，第466页）。——译者

当然，摆脱这种两难处境的办法就是要明白：有必要采取一种观点，坦率地陈述这种观点，并始终意识到它是许多观点之中的一种，并且哪怕它等于一种理论，它也是不可检验的。

32. 进步的制度理论

为了使我们的考察更少一点抽象，在这一节里，我要争取以简略的轮廓来勾画一种**关于科学与工业进步的理论**。我也将争取以这种办法用实例来解释以上四节中所发挥的观念；尤其是形势逻辑的观念和一种摆脱了心理学的方法论的个人主义。我选择了科学与工业进步这个例子，因为毫无疑问，正是这个现象激发了近代19世纪的历史主义，也因为我以前讨论过穆勒对这个题目的若干观点。

我们还记得，孔德和穆勒主张进步乃是一种无条件的或绝对的趋势，它可以**归结为人性的规律**。孔德写道，"一种相继规律，即使是以一切可能的权威被历史观察的方法所指出，但在它被合理地归结为正面的人性理论之前，也不应该最终被认可……"[①]他相信，进步的规律可以从人类个体中的一种倾向里面推导出来，即那种驱使他们越来越完善自己本性的倾向。在整个这一点上，穆勒完全追随着孔德，力图把他那进步的规律归结为他所称之为的"人类心灵的进步性"[②]，而它那第一个"推动力……便是增加物质生活舒适的欲望"。根据孔德和穆勒两人的看法，这种趋向或准-规律之无条件的或绝对的特性，就使我们能从其中推导出历史最初的步骤或阶段，而不需要有任何初始的

---

① 孔德，《实证哲学教程》Ⅳ，第335页。
② 穆勒的《逻辑》第6卷第10章第3节。下面的引文出自第6节，在那里对这个理论有着更详细的阐发。

四 拥自然主义学说批判

历史条件或观察或数据。① 在原则上,全部历史过程都应当可以这样地推导出来;唯一的困难就是,像孔德所说的,"那么漫长的一个系列……相续的每一项都包括有数目更大和品类更多的部分,所以不可能由人的能力计算出来。"②

穆勒这种"归结法"的弱点似乎是明显的。即使我们应该承认穆勒的前提和演绎,也仍然不能推论说,社会的或历史的效应就都是有意义的。比如说,由于无从掌握的自然环境所造成的损失,进步就可能会变得无足轻重。此外,这些前提仅仅是以"人性"的某一个方面为基础的,而没有考虑到其他的方面,像是健忘和懒惰,等等。于是,当我们观察到与穆勒所描写的进步恰好相反时,我们就可以同样很好地也把这些观察"归结"为"人性"。(的确,在各种所谓的历史理论中,用懒惰和贪吃之类的癖好特性来解释帝国的衰亡,难道不正是最流行的一种办法吗?)事实上,我们想不到有什么事件是不能靠诉诸某些"人性"的癖好而得到动听的解释的。但是,一种可以解释一切可能发生的事物的方法,碰巧可能正是什么也解释不了。

如果我们要想用一种更站得住的理论来代替这种天真得惊人的理论,我们就必须采取两个步骤。首先,我们必须设法找出进步的**条件**;而为了达到这一目的,我们就必须运用第28节里所提出的那个原理:我们必须努力想象**那些会使进步被遏阻的条件**。这就直接导致这一认识,即**仅只有心理的倾向**还不足以解释进步,因为还可以再找到进步所可能依赖的条件。于是,我们下一步就必须以某种更好的东西来代替那种关于心理倾向的理论;我建议,以一种关于进步条件的**制度的**(和技术的)分析来代替。

我们怎样就能够阻止科学和工业的进步呢?办法是:关闭或

---

① 孔德,上引书第4卷,第345页。
② 穆勒,上引书,第4节。

者控制进行研究的实验室，查禁或控制科学期刊和其他的讨论工具，查禁科学会议和讨论会，镇压大学和其他学校，查禁书籍和印刷、写作以及最后还有言论。这一切确实可以查禁（或控制）的事物，都是社会制度。语言是一种社会制度，没有它，科学进步就是不可想象的；因为没有它，就既不可能有科学，也不会有成长中的和进步的传统。写作也是一种社会制度，印刷和出版机构以及其他一切科学方法的制度性工具，也都是如此。科学方法本身就具有其社会的方面。科学，而尤其是科学的进步，并不是孤军奋战的结果，而是**思想自由竞争**的结果。因为科学需要有假说之间日益加剧的竞争和日益严格的检验。而竞争中的假说则需要有个人作为其代表，就仿佛是它们需要有拥护者，需要有陪审团，甚至需要有公众似的。如果我们希望保证这种个人的代表性能起作用的话，它就必须从制度上组织起来。而这些制度就必须付出代价并受到法律的保护。最后，进步在很大程度上要有赖于政治因素，有赖于保护思想自由的政治制度：即，有赖于民主。

有趣的是，人们通常所称之为"**科学客观性**"的那种东西，在某种程度上乃是建立在社会制度的基础之上的。天真的看法是，科学的客观性全靠科学家个人的精神的和心理的态度，靠他们的训练、细心和科学的不偏不倚的态度。作为一种反弹，这就产生了另一种怀疑的看法，即科学家永远不可能是客观的。根据这种看法，科学家缺乏客观性在自然科学中是可以忽略的，那在这里并不激发起科学家的热情；但是在社会科学，就要牵涉社会偏见、阶级偏见和个人的利害关系，在那里缺乏客观性就是致命的了。被所谓的"**知识社会学**"（见第 6 节和第 26 节）详尽加以发挥的这一学说，完全忽视了科学知识的社会的或制度的特性，因为它奠基于这样的一种天真的观点，即客观性有赖于科学家个人的心理。它忽视了这一事实，即自然科学的题材的枯燥性和遥远性，并不能阻止偏私和自利来干扰科学家个人的信念；而且假如我们必须有赖于科学家的不偏不倚的态度，那么科学、哪怕是自然科学，也会是完全不可能的。"**知识社会学所忽视了的东西，正好是知识社会学**"——即科学之社会的或公众的特性。它忽视了这一事实：正是科学和科学制度的公众特性，才强加给科学家个人以一种精神的纪律，并且保持了科学的客观性及其批判地讨论新观念的那种传统。①

在这一点上，我也许可以谈一下第 6 节（**客观性的评价**）里所提出的另一个学说。那里曾论证说，既然对社会问题的科学研究其本身必定影响到社会生活，所以觉察到了这种影响的社会科学家就不可能保持无私的客观性这一正当的科学态度。但是，这种情况对于社会科学并没有任何特殊之处。一个物理学家或者一个物理工程师也处于同样的地位。他用不着是一个社会科学家就可以认识到，发明一种新飞机或火箭就会对社会产生巨大的影响。

我刚刚勾画了某些科学和工业的进步有赖于某些制度上的条件的实现。现在重要的是应该认识到，这些条件的大多数都不能说是必要的，而且所有这些条件都合在一起也仍然是不充分的。

这些条件乃是不必要的，因为没有这些制度（也许语言除外），科学的进步也并非严格地是不可能的。"进步"毕竟**已经**是从口头的成为书面的文字，而且甚至于还有甚于此，（尽管确切说来，这种早期的发展也许并不是**科学**的进步）。

另一方面，而且是更重要的，就是我们必须认识到，在世界上最好的制度组织之下，科学的进步也可以有一天停顿下来。例如，也许会出现一场神秘主义的疠疫。这确实是可能的，因为既

---

① 在我的《开放社会及其敌人》的第 23 章中有着对所谓"知识社会学"的更充分的批判。科学客观性的问题以及它对理性的批判和主体间的可检验性的依赖性，也在该书第 24 章中、并且从略有不同的观点在我的《科学发现的逻辑》一书中进行了讨论。

然有些知识分子**确实**是以退入神秘主义来对抗科学的进步（或是对抗要求一种开放的社会）；所以每一个人就都**可以**以这种方式来对抗。这样一种可能性也许可以通过设计出另一套社会制度，诸如教育制度，来消除观点上的一致性并鼓励分歧性。还有，进步的观念及其热烈的传播也可以有某些效果。但是，这一切并不能确实保证进步。因为我们并不能排除这样的逻辑可能性，比如说，一种细菌或病毒传播了一种追求涅槃的愿望。

于是我们就发现，哪怕是最好的制度也决不可能是安全无虞的。正如我前面所说过的，"制度就像是堡垒。它们必须要好好加以设计，**而且**要配备适当的人员"。但是，我们永远无法肯定，合适的人员会被科学研究吸引过来。我们也不能肯定，将会有具有想象力的人而同时又具有创立新假说的本领。最后，这些事情有很多都有赖于纯粹的机缘。因为真理**并不是明明白白的**；而像孔德和穆勒那样认为"障碍"（指的是教会）一旦被扫除，真理就会向一切真正想要看到它的人呈现出来，那便是一种错误了。

我认为，这一分析的结果可以总结出来。在大多数或者是全部的制度社会的理论中，人的或个人的因素始终会是**一种**不合理的成分。有一种相反的学说教导着要把社会理论归结为心理学，正如我们把化学归结为物理学的那种方式。我认为，这是基于一种误解。它出自一种谬误的信念，即认为"方法论的心理主义"乃是方法论的个人主义的必然系论——是一种无懈可击的学说的系论，亦即我们必须努力把一切集体现象都理解为是由于各个人的作用、相互作用、目的、希望和思想的缘故，并且是由于各个人所创造和保存的传统的缘故。但是我们却可以是个人主义者，而不必接受心理主义。构造出理性模式的"零点方法"**并不是**一种心理学的方法，而毋宁是一种逻辑的方法。

事实上，心理学并不能成为社会科学的基础。首先，因为它自己就是一门社会科学："人性"是随着社会制度而大有变化的；因此，心理学的研究就要以对社会制度的理解为前提。其次，因为社会科学要大量涉及人类行为中并非有意的后果或反响。在这里的语境中，"并非有意"或许并不是指"无意识的意愿"，而是指它勾画出了那些可能侵害了社会行为者的**全部利益**的反响，不管是有意识的还是无意识的；虽则有人可以主张，对山林和寂静的喜爱可以从心理学上得到解释；但是如果有太多的人都喜欢山林，他们在那里就无法享受到寂静的这一事实，并不是一个心理学的事实；然而这类问题却正是社会理论的根源。

由此，我们就得出一种结果来，它和至今仍然流行的孔德和穆勒的方法形成惊人的对照。代替把社会学的考虑归结为人性心理学的貌似坚实的基础之上的，我们倒是可以说，人的因素乃是社会生活中和一切社会制度中**那个**归根到底是无从确定的而又曲折的成分。的确它是那归根到底**不可能**被制度所完全控制的成分（像斯宾诺莎首先看出了的那样）；① 因为任何想要完全控制它的企图都必定会导致暴政，对于人的因素万能这一点来说，这就意味着少数人或者甚至一个人可以无所不能。

然而，难道不可能用**科学**——即无所不能的对立面——来控制人的因素吗？毫无疑问，生物学和心理学能够解决，或者是不久就将能够解决"改造人的问题"。然而，企图这样做的人就不得不破坏科学的客观性，从而也就破坏了科学本身；因为这两者都要以思想的自由竞争为基础，也就是以自由为基础。如果理性的成长要继续下去而人的合理性也要生存下去的话，那么个人以及他们的意见、目的和目标之间的分歧就决不应该受到任何干扰（除非是在政治自由遭到危险的极端情况之下）。哪怕是要求一种感情上令人满意的**共同目标**，不管是多么美好，也会是在要求放弃一切在争鸣着的道

---

① 见以上第119页注释①。

德意见以及由它们产生的相互批评和论辩。这就是在要求放弃理性的思想了。

进化论者要求对人性进行"科学地"控制,他们并没有认识到这个要求是多么具有自杀性。进化与进步的主动力乃是可供选择的材料的多样性。就有关人类的进化而言,它就是"特立独行、与人不同的自由"——亦即"不同意大多数人而我行我素"的自由。① 总体论式的控制必然导致并不是人类权利的平等化而是人类精神的平等化;这就意味着进步的终结。

33. 结论:历史主义的感情诉求

历史主义是一个很古老的运动。它最早的形式,例如有关各个城邦生命和种族生命循环的各种学说,实际上还早于原始的目的论观点,亦即认为在表面上盲目的命运律令的背后还有隐藏着的目标这一观点。② 虽然这种对隐藏的目标的卜蓍已远远被排除在科学的思维方式之外,但它还是对甚至于是最现代的历史主义理论留下了确凿无误的痕迹。历史主义的每一种说法都表达了被一种被不可抗拒的力量卷入了未来的感觉。

然而,现代的历史主义者似乎并没有察觉到他们的学说的古老性,他们认为——而他们对现代主义的神化又还能允许什么别的呢?——他们自己的历史主义的标签乃是人类精神最晚出和最英勇的成就,这种成就新颖得那么令人眼花缭乱,以致唯有少数

---

① 见魏丁顿《科学的态度》(1941,第 111 页和第 112 页),他的演化主义和他的科学伦理学都没有防止他否认这种自由有任何"科学的价值"。这段话在哈耶克的《通往奴役之路》第 143 页里受到了批判。

② 在福斯特(M. B. Foster)的《柏拉图和黑格尔的政治哲学》的最后一章里,有着我所知道的对目的论学说的最好的内在论批判(它也采用宗教的观点,尤其是创世说)。

人才能够充分进步到掌握它的地步。的确,他们认为,正是他们才发现了变的问题——一个思辨形而上学的最古老的问题。在以他们的"动力学"思维和以前一切世代的"静力学"思维相对比时,他们相信他们自己的前进已经由于这一事实而成为可能,即我们今天正"生活在一场革命之中",它是如此之加速了我们的发展速度,以致现在仅仅在一生之中就可以直接经验到社会的变化。当然,这个故事纯属神话。在我们的时代以前曾经发生过许多重要的革命,而自从赫拉克里特那时以来,变化曾经一次又一次地为人所发现。①

把如此之可敬的一种思想说成是英勇的、革命的,我认为乃是暴露了一种不自觉的保守主义;而我们这些思索着这种对变化的伟大的热情的人们则很可以考虑,它是否不仅只是矛盾心态的表现的一个方面,或者是否还有某种同样之大的内部阻力尚待克服。如果是这样,那么它就可以解释这一古老的、摇摇欲坠的哲学之被宣布为科学之最新的、因而也是最伟大的启示的那种宗教热情了。归根到底,难道不可能正是历史主义者在害怕变化吗?或许,难道不正是这种对变化的恐惧才使得他们全然不能理性地对批评做出反应,并使得别人对他们的教导是如此之敏感吗?看来简直仿佛是历史主义者靠着坚持变化是可以预见的(因为它被一种不变的规律在支配着)这一信念,在极力补偿自己丧失了一个不变的世界的。

---

① 见我的《开放社会及其敌人》一书,尤其是第 2 章以下,也见第 10 章。我在那里论证了,正是丧失了原始封闭社会的不变世界,才对文明的风貌和对乐意接受集权主义和历史主义的虚假安慰负有部分的责任。

附 录
评波普尔和他的《贫困》

何兆武

一

波普尔（Karl Raimund Popper）的《历史主义贫困论》一书，虽然迟至1957年才以专著的形式正式出版，但它的初稿却早在1935年即已形成。1936年，他以同一个《历史主义贫困论》为题，宣读了两篇论文：第一篇是在布鲁塞尔的一个哲学讨论会上，第二篇是在伦敦由哈耶克①所主持的一个讲习班上。随后，他把他的稿子送给一个杂志，但被退稿。7年以后，这篇稿子始分期刊登在哈耶克主编的《经济学》（*Economica*）上。这部书从成形到问世，前后经历了20年之久。

历史主义自从19世纪末以来，一直是德国乃至西欧史学界的一个热门题目。此词德文原为Historismus，字面上应该相当于英文的historism；但是波普尔论述历史主义，却另拈出histori-

---

① 哈耶克（Friedrich A. Hayek，1899—1992），英籍奥地利经济学家，《通往奴役之路》一书的作者。波普尔在第二次世界大战前去新西兰任教多年，第二次世界大战后重返英伦任教，都是出自哈耶克的推荐。两人的关系之深以及思想的共同基础，可以从他们的著作里明显看出。

cism 一词。自此而后，英文中 historicism 一词反而成了德文 Historimus 一词的相应词，而 historism 一词竟致被人废弃不用。① 波普尔之所以拈出 historicism 而不用 historism，是因为他的历史主义的含义与德国学派如狄尔泰和梅尼克等人的迥然异趣。在传统的历史主义者那里，所谓历史主义就意味着：历史的意义一般的是可以，或者是应该以某种法则或规律加以解释的。同时，每一种世界观也都是历史地被限定的、被制约的，因而是相对于其时代的。传统的历史主义者又大多认为，历史学对经验事实的研究和推论方式是不同于自然科学的。

和这一传统的意义不同的是，波普尔把历史主义严格地限定为历史决定论；也就是说，历史主义一词指的是这样一种观点：历史的行程遵循着客观的必然规律，因而人们就可以据之以预言未来。所以他使用历史主义一词是指那种根据客观的历史规律解释过去并从而预言将来的历史观。② 在他看来，历史主义和历史决定论乃是同义语，而他本人则是反对历史主义的。③ 任何科学如果发现了客观的必然规律，就一定可以据之以预言未来。例如，天文可以预告日月食，地质学可以预告地震。人类的历史过程有没有也像自然世界过程那样的客观规律呢？波普尔的回答是：没有。历史是并没有规律可循的，因而也就是无法预言的。他的这一反历史主义的理论构成为他的史学理论的核心。

波普尔的看法是，史学研究应该包括两个方面，即解释和描述。"历史学的这两种任务——即解开因果线索和描述把这些线

---

① 参看 A. 多纳甘《波普尔对历史主义的考察》，载希尔普编《波普尔的哲学》第 2 卷，拉萨尔伊利诺伊州，1974 年版，第 906 页。
② 参看 K. 波普尔《历史主义贫困论》，纽约 1964 年版，第 50 页。
③ 有人把波普尔的历史主义径直译作历史决定论。这种译法虽不错误，不过它在字面上就和 historical determinism（见本书附录）没有区别了；同时也不便于和波普尔所论述的其他各种"主义"相对应。

索交织在一起的'偶然'方式——都是必要的，它们是相辅相成的。"① 但是在这里，他对于所谓"历史的解释"却提出一种与众不同的观点。他认为科学是可以检验的，但是"历史研究或历史观点**是不可能检验的**。它们不可能被反驳，所以表态的肯定就是没有价值的"，于是"这样一种抉择的观点或历史兴趣的焦点——假如它不可能被总结为一种可验证的假说的话——我们就称之为**历史的解释**"②。历史的解释不是科学，因为它是不可检验的，是假说。当然，他并不认为假说就可以异想天开，或者不可检验的东西就意味着可以随心所欲。不过，他的整个史学理论确实是从这样一个基本观点出发的：历史主义的错误就在于它把对历史的解释误认为就是科学。

二

波普尔反历史主义的史学理论，可以归结为如下的五条论纲：

（一）人类历史的进程是受到人类知识进步的强烈影响的。

（二）我们无法以合理的或科学的方法预言我们的科学知识的增长。

（三）因此，我们无法预言人类历史的未来进程。

（四）这就意味着我们必须否定**理论历史学**的可能性，也就是相应于理论物理学的那种历史社会科学的可能性。

（五）因此，历史主义方法的基本目标就是构思错误的，历史主义就是不能成立的。③

---

① 卡尔·波普尔：《历史主义贫困论》，第146—147页。
② 同上。
③ 同上书，第6—7页。

在这五条基本论纲中,第(一)条可以说是常识,而且作为一种作业前提,一般似可接受。关键是第(二)条,但它的正确性却很可怀疑。为什么人类知识的进步就无法预言或预测呢?自第(二)条以下的第(三)、(四)、(五)条,每一条都是前一条的系论。如果第(二)条不能成立,则第(三)、(四)、(五)条便都不能成立。五条论纲的中心思想是:人类总是在不断地获得知识,然而知识的增长其本身却并无规律可循,所以预言就是不可能的。

历史主义者认为历史发展有其必经的不可改变的阶段;波普尔则认为这个发展历程是完全可以改变的,所以是无法预测的。他的主要论据如下:自然界的演变过程和人类无关,而人类历史的历程则和人类(作为认识的主体)是密切相关联的。主体本身就参与了客体(历史)的发展过程;因而客观规律或阶段就会受到主体的影响而改变。预言本身就参与着并影响着历史的过程,所以预言也就不可能是对客观规律的描述或宣告。这就是说,历史主义必然要做预言,而预言又恰好以其自身对历史的作用而取消了规律的客观性。预言之影响到历史的进程,就意味着历史主义的预言的自我否定。为了说明这一点,波普尔引用了弗洛伊德有名的俄狄浦斯(Oedipus)的预言为例。在希腊悲剧家索福克里斯的剧本里,先知传神谕说,底比斯的王子俄狄浦斯日后将要杀父娶母;为了躲避这个命运,俄狄浦斯就远离了自己的故土,多年漂泊异乡,但他在归来的途中却无意地杀死自己的父亲,后来又娶了自己的母亲。波普尔对此解释说:正是这个预言本身,乃是导致俄狄浦斯杀父娶母的原因。他把这种作用称为俄狄浦斯效应;亦即,预言就会影响到被预言的事件的历史过程;从而也就否定了客观的历史规律。这种效应在自然界中是并不存在的,例如人们对日月食的预言无论正确与否,都绝不会影响到自然界中日月食的客观过程。但是这种效应在人类的历史上,却只能说是太显著了。例如,只要人们在主观上预期将要发生战争,就必然会引起人们对预期中行将到来的战争进行种种努力与活动,而这些就又反过来会影响到事物发展的行程。古希腊人行军作战之前要进行占卜,所卜得预兆的吉凶会极大地影响到战略、战术和军心士气,那作用之大当然是不言而喻的。又如,人们对股票行情变化所做的预告,无论有无根据,也无论正确与否,是势必要影响到股票市场的变化的。这样的事件,在历史上不胜枚举。不但预言,甚至于谣言也会起到类似作用。传说中玛丽·安图娃奈特(Marie Antoinette,法国路易十六的王后)的珠宝大贪污案,大大刺激了法国大革命前夜法国人民对波旁王朝的痛恨和仇视,从而加速了革命的进程。又如地震的谣言,虽不会影响自然过程(地震)的本身,却会造成人心惶惶、社会不安的效果,从而也就影响了社会过程(生产停滞、生活紊乱)。客观规律一旦渗入了主观因素,就会受到它的影响而引起改变。于是,预言就改变了被预言事物的本身;因此,历史就没有客观的规律可以预言。预言本身,也就是人类知识的本身,就必然影响到被预言的事件的现实过程(即历史);由此而得的结论就是:真正的预言是不可能的。

预言,或者更准确地说,决定论意义上的预言,乃是科学之成为科学的必要条件。① 现在既然在历史研究中,预言乃是不可能的;历史主义也就是不能成立的。历史研究当然不免要有对历史的解释,但这种历史的解释只能是多元的,而不是决定论的,因而其性质就只是"设想性的"和"随意性的",而决非某种非如此不可(sine qua non)的东西。② 以上的意思也可以换成另一种以哲学术语来表达的方式:那就是,历史学的命题乃是综合的而

---

① 卡尔·波普尔:《历史主义贫困论》,第14页。
② 同上书,第151页。

非分析的,故而它(或它们)就不可能有任何先验的有效性,也就是说,历史是不可能预言的。关于人类认识本身会影响到人类历史的进程——亦即"对社会问题的科学研究,其本身势必影响到社会生活"[①]——波普尔的论据有一定的代表性,在东西方曾引起史学界的普遍关注。

三

波普尔还有一个攻击的目标,叫作总体论(holism)。他的公式是:历史主义就等于决定论,也就等于总体论。他本人反对历史主义,所以也反对总体论。总体论据说必然引向乌托邦工程学。与乌托邦工程学相对抗,波普尔就提出了所谓"零碎工程学"(piecemeal engineering)。它就社会理论而言,就是零碎工程学;就所使用的方法而言,则是"试错法"(trial and error)。这一点在政治上的含义是明显不过的,那就是要以零敲碎打的改良来对抗全面的社会革命。他的反总体论的论点如下:

历史主义是不可能的,总体论也是不可能的;所以要想"建立和指导整个社会体系并规划全部社会生活,在逻辑上就是不可能的事"[②]。逻辑上既不可能,事实上就更不可能了。流行的观点是,部分之和就构成总体。他认为,这种观点在物理世界是正确的,但在人类历史上却不是。世界上根本就不存在、也不可能存在任何一种总体论意义上的历史,我们所能探讨的只能是历史的某一个或某些个方面。[③] 总体论的基本立场是"把人类历史当作一条巨大的、无所不包的发展洪流",但是"这样的一部

---

① 卡尔·波普尔:《历史主义贫困论》,第156页。
② 同上书,第81页。
③ 同上书,第80页。

历史是写不出来的",因为"任何写出来的历史都只是'总体'发展的某一狭隘方面的历史"①。但是在责难总体论的时候,波普尔自己也犯了一点总体论的错误,至少是在他的史学方法论上。他误以为在历史研究中,总体就等于细节的总和。其实,这种意义的历史学在史学史上是从来不曾有过的。任何一部写出来的历史都决不是包罗万象的。历史家之写历史有如画家之作画,他只是透过某一点(某一瞬间、某一侧面)而掇取并表现出其整体生命的神髓。历史是有独立生命的,写出来的历史书(至少,一部好的历史书)也是有独立生命的。波普尔这位科学哲学家在分析历史学的性质时,却忽略了它有其作为艺术的那一面。而且历史学,无论是作为科学的概括还是作为艺术的概括,都决不要求包罗万象。

波普尔强调,历史主义或总体论,由于其自身的谬误,不仅在实践上是行不通的,而且在理论上"总体论的实验也不可能对我们的实验知识做出什么贡献"②,因为"社会工程师的总体论蓝图并非是基于任何一种可以比较的实际经验"③之上的,或者说,总体论的蓝图和实际经验是无从比较的。然而历史主义者却只会以一种唯一的(在波普尔看来是僵化的)思想方式,即以总体论的思想方式去思想;他可以想象变化,但是他只能想象不变条件之下的变化,"他无法想象变化条件之下的变化"④。归根到底,"历史主义贫困论乃是想象力的贫困"⑤的结果,也就是贫困的思想对于历史主义进行报复的结果。

人类的知识并没有任何永不错误的依据,无论是在智性的层

---

① 卡尔·波普尔:《历史主义贫困论》,第81页。
② 同上书,第85页。
③ 同上书,第83页。
④ 同上书,第130页。
⑤ 同上。

次上还是在感性的层次上。因此,"人类的一切知识,尤其是一切前知,都有可能错误"①。然而思想的贫困却使得人们在中世纪把圣书和启示当作永不错误的权威,而到了近代则又以理性(或智性)为永不错误的权威。以理性为其权威的科学并不能真正认识事物的性质,因为没有一种科学理论可以完全被证明是理所当然的(justified)。一种新科学理论的提出,同时也就带来了与它所要解决的问题同样之多的新问题。新问题同样地有待于解决,故此没有一种理论可以称得上是完整的理论体系,或者说是真理。然而,果真如此的话,那么什么又是随着他本人提出的反历史主义的理论而来的新问题呢?还是它已不再面临任何需要解决的新问题了呢?对此,他并没有做出明确的答复。

四

波普尔的企图是制订出一套能统一自然科学和历史科学的思想方法论。他的这一工作,往往不免予读者以刻意标新立异之感,他喜欢罗列一大堆的主义:本质主义、假说主义、演绎主义、唯科学主义、消灭主义,等等。然而在把自然科学思维方法引入人文世界方面,他毕竟是当今西方思想界的突出代表之一。

波普尔攻击历史主义,是采取先为历史主义辩护的姿态,力图发挥历史主义的论点,然后再指责它的错误,进行攻击。就历史和历史学所涉及的范围而言,他的攻击集中于一点,即断言历史没有客观的规律,因而不能预言——不是在微观上,而是在宏观上。这里的论证是:科学真理必须能够经受证伪的检验,而所谓的历史的规律是不能证伪的,因而就不能成其为规律。自然科学的规律必须是普遍的,但历史事件都是独一无二的,所以不能

---

① 希尔普编,前引著作,第2卷,第1164页。

用科学上的证伪方法来加以检验；历史研究只能称为历史的解释而非历史的规律。这一论证的前半部分——即历史学不可能有自然科学那样的普遍规律——并没有超出19世纪末以来的新康德学派。但新康德学派主要是就自然科学与历史科学二者本性的不同而立论，波普尔则更多的是从方法论着眼。他可以说是把新康德学派的观点引申到科学哲学的领域里来。

总体是不可能成为研究的对象的，所以对历史发展的整体就不可能有科学的理论。所以历史学所需要的并不是牛顿（那样体系的建立者），而是伽利略①（那样的实验观察者），所以总体论就应该代之以零碎工程学；总体论是有预定的目的的，而零碎工程学则只问个别事件，不问目的。目的永远是总体论的构成部分，②而目的论则必然导致空想主义。③于是，空想主义或乌托邦也和总体论一样成了历史主义的同义语，也就成了波普尔所反对的对象。他以为任何乌托邦都不能逃避两个缺点，一是其本身内在的矛盾，二是它必然导致暴力。科学是不能、也不会构造出一个乌托邦来的——这是他在《开放社会及其敌人》一书中所着重阐述的基本思想。在《历史主义贫困论》一书中，他又强调对未来社会的美好信仰无异于相信奇迹，④那原因就在于：我们研究一件事物"只能是选择它的某些方面"，"我们不可能观察或描写世界的全貌"，"因为描述乃是有选择性的"。⑤关于这一零碎工程学的论点——它在哲学上就叫作"批判的理性主义"——马吉（Bryan Magee）曾用了这样一个比喻来解说：人类就像是正在大海上航行的一艘船上的水手，他们可以修改他们

---

① 卡尔·波普尔：《历史主义贫困论》，第60页。
② 同上书，第64页。
③ 同上书，第85页。
④ 同上书，第50页。
⑤ 同上书，第77页。

所生活于其上的这艘船的任何一部分，可以一部分一部分地修改它，但是他们却不可能一下子全盘彻底改造它。①

历史事件有别于自然现象的，在于它仅只一度出现，所以是独一无二的，不像自然界现象那样反复出现；这一论点新康德学派已经再三申说，波普尔于此了无新意。如果说他有什么新意，或许在如下的一点，即自然事变不是人为的，而历史则是人为的，其中包括人的意志、愿望、知识，等等。人类的某些知识，如牛顿的力学、瓦特和爱迪生的发明，可以极大地影响历史的行程。自然史与人文史之间的这一根本歧异，过去是探讨得很不够的。波普尔着重指出这一点是有意义的。但他在论述历史学时，却犯了一个不可容忍的谬误。的确，我们并不能观察或描写世界的全貌，因而历史书的描写总是有选择的。然而这个选择，对于历史学家却并非随意的。他所选择的应该是那最足以表明历史精神的东西。他之略去许多东西，恰好是有助于表现他所要表示的东西。上节已提到，史家写史有如画家作画，他的画面不必表现全部的细节。成功的艺术品在于表现精神，它必然要遗略许多细节。历史学有作为科学的一面，也有作为艺术的一面。对于艺术的一面，波普尔的史学理论是全然忽视了的。他只萦心于作为科学的历史学；但就是这一面，其基本论点也是值得批判的。

五

自 1939 年起，席尔普（Paul A. Schilpp）开始编辑一套《当代哲学丛刊》；半个世纪来已陆续出版了 20 多种。1974 年出版的第 14 种就是《波普尔的哲学》。这件一登龙门的事，似乎正

---

① 参看布赖恩·马吉（Bryan Magee）《波普尔》，纽约，1973 年版，第 103 页。

式确定了波普尔在当代西方思想界的地位,并得以和杜威、怀德海、罗素等人并驾齐驱。从一个偏远国度里的一个默默无闻的讲师,一跃而侧身于当代最负盛名的哲学家的行列中间,而且还有当代最伟大的思想家之誉——当代西方思想家的得名之骤,波普尔要算是少数当中的一个;而盛名之下其实难副的,波普尔大概也应该算是少数当中的一个。

波普尔1907年7月28日生于维也纳,为奥籍犹太人,1928年获维也纳大学博士学位。由于纳粹排犹,他去英国,再去新西兰任坎特伯雷大学任讲师;第二次世界大战后,他重返英国任伦敦经济学院的逻辑与科学方法教授,1964年受封为爵士,1969年退休。在政治上,他青少年时,曾是奥地利社会民主党党员长达20年,而社会民主党是有着特别深厚的修正主义和改良主义传统的;它的理论可以归结为一条原则:即,把可以避免的痛苦减少到最低限度。边沁功利主义的原则是:最大多数的最大幸福;波普尔社会民主主义的原则是:最小少数的最小不幸。①

波普尔年轻时正值第一次世界大战后,斯宾格勒《西方的没落》一书风靡一时。波普尔认为斯宾格勒既是一个狄尔泰意义上的历史主义者,同时也是一个波普尔意义上的历史主义者。说斯宾格勒是狄尔泰意义上的历史主义者,是因为在斯宾格勒历史思想中起主导作用的乃是狄尔泰意义上的"理解";说他是波普尔意义上的历史主义者,则是因为他"预言"了西方的没落。② 据波普尔自述说:"我在维也纳作学生的时候,左派和右派的气氛都是强烈的历史主义的。'历史是在我们这一边'这个口号,你可以从国社党(及其有关团体)和社会民主党(我和我的朋友都属于它)两方面同样地听到。而'科学社会主义'

---

① 参看布赖恩·马吉(Bryan Magee)《波普尔》,第81页。
② 参看希尔普编,前引著作,第2卷,第1173页。

则是对社会主义必将到来的科学证明。"① 青年时代的社会思潮给他留下了深刻的印象，使他开始对历史主义理论的研究感到兴趣。此后他毕生的研究和探讨，主要就包括两个方面，一个是科学哲学，一个是历史哲学。后一方面的主要代表著作是《开放社会及其敌人》和《历史主义贫困论》两部书。② 两次大战的浩劫引起他对历史进行反思，法西斯和共产党都使他感到恐惧。恐法西斯病和恐共病之成为他后来理论著作中的一条主要的感情线索，就渊源于他青年时这种生活经历的背景。

维也纳学派兴起于20世纪二三十年代，这一思潮不久即在英美得到广泛的流传，形成一个有势力的分析学派，至今不衰。波普尔本人出身于维也纳，虽未参加维也纳学派的组织，但在思想路线上却和他们既有分歧，又复有共同之处，并与他们中的一些成员〔尤其是和费格尔（Herbert Feigl）与卡尔那普（Rudolph Carnap）〕有着密切的关系并深受其影响。分析学派提出了经验的可证实性作为划分有无意义的标准，即一个命题如果在经验上是可证实的，就是有意义的；否则，就是无意义的。波普尔不承认这一证实原则，而于1933年提出了他的证伪原则作为划分真假科学的标准。真科学是实验科学，假科学是形而上学；这一点他大致与分析学派相同。不同的是，他承认假科学或者神话也可以发展或转化成为科学，只要能经过一番批判。凡是通不过证伪检验的，就是形而上学；但却并不必然就是无意义的。与证实原则相比较，证伪原则有其表面上的逻辑优点；其优点在于：无论有多少正面的经验事例似乎都不足以证实一种概括，但是只要有一个反面的事例就足以证伪了。然而，这一区别纯属表面上的，

---

① 参看希尔普编，前引著作，第2卷，第1172页。
② 关于他的全部著作，T. E. 汉森（T. E. Hansen）编有一份详尽的编年目录，载希尔普编，前引著作，第2卷，第1202—1287页。

因而是肤浅的。艾耶（A. J. Ayer）就指出："其实这一区别并不像它乍看上去那么清楚明白"，① 所以艾耶批评波普尔说："他那体系的基础并不牢固。"② 这个批判不是没有道理的。

六

波普尔的讨论涉及多方面的科学问题，包括量子力学、概率论等专门学科以及方便假设论、思维经济论等思想方法论。构成他思想的一个特点而又有别于其他许多人的，是他力图把自然科学和社会人文打成一片。打通这两者的关键则是他统一的方法论，这个方法论也被称为"证伪标准论"（theory of falsification criterion），是他企图对这两者一以贯之的理论。这个理论说：检验真理的标准不应该是证实，而应该是证伪，"进行科学检验的真正企图，就是对理论进行证伪"③。科学真理必须经过一切可能证伪的考验。反之，凡是没有可能被证伪的，就决不可能是科学真理。也就是说，真理必须能经受正反两方面的检验，而尤其是反面的检验（即证伪）。正面的事例或许不足以证实，但是反面的事例只要有一个就足以证伪了。例如说，希特勒是战无不胜的；无论希特勒打了多少胜仗都不足以证明这个命题正确（因为他也有可能再打败仗）；但是只要他打了一次败仗，就足以证明他决不是战无不胜的，这就是证伪。也就是说，必须是能够经得起证伪的检验的，才有资格配称为真理；凡不可能以证伪方法进行检验的，就不可能是真理。

因此，科学可以说就是证伪。对科学的"一切检验，都可以

---

① 艾耶：《20世纪的哲学》，纽约，1984年，第132页。
② 同上书，第134页。
③ 卡尔·波普尔：《历史主义贫困论》，第131页。

解释为就是要淘汰错误理论的努力",而进行淘汰所使用的手段则是证伪,其目的"是要去发现一种理论的弱点,以便去否定它,假如它被检验所证伪了的话"。[①] 我们必须尽最大努力去挑剔一个理论的任何错误,"我们必须竭力去证伪它们";而且"只有当我们竭尽全力而不能证伪它们的时候,我们才可以说,它们经受住了严格的检验"。[②] 只有这时候,我们才可以认为它们通过证伪而证明了自己是真理。或者用一种比喻的说法:真理是颠扑不破的,证伪就是要千方百计去颠破它,只有去用尽一切办法都颠扑它不破的时候,它才有资格称为真理。对真理的检验也就是进行证伪,或者说是进行进攻、进行驳斥、进行围剿;总之,"理论最后必须要服从经验的检验"[③]。真理不但不怕反驳,而且还必须通过一切可能的证伪来反驳,以辨明自己的生存权。真理的真金,是由证伪之火锻炼出来的。可证伪的程度越高,则一个理论的可靠性与精确度也就越高。如果一种理论可被证伪的程度等于零,亦即它根本就没有被证伪的可能时,那么它就丧失了作为科学真理的品质而不可能成其为科学的真理,它就只能是神话了。一切真命题或科学的命题,都是有可能被证伪(但又并没有被证伪)的命题;而凡不可能被证伪的命题就都是假命题或伪科学。一个命题不必一定要被证实,但却必须有可能被证伪。于是分析派所标榜的证实原则,到了波普尔的手里,就被代之以证伪原则。

人类认识的进步,就要靠人们双管齐下,一方面是不断设想各种大胆的假说,一方面则是千方百计地对这些假说进行反驳或证伪。这种工作越多、越好,则科学也就越进步。科学理论是猜测,证伪则是对猜测的反驳。科学认识就是通过这一猜测与反驳

[①] 卡尔·波普尔:《历史主义贫困论》,第 133 页。
[②] 同上。
[③] 同上书,第 132 页。

的双方交锋而不断前进的。这就是人类科学知识进步的规律。这个思想他在1968年的《猜测与反驳》一书中作了系统的阐述。①猜测与反驳的过程是永没有完结的，所以人们不应该轻易地陷入那种廉价的科学主义的诱惑之中，天真地设想着：真理就在这里了！科学永远都是尝试性的，并且是必然要犯错误的。真理只能是一个无穷的探索②的过程；没有任何时候我们可以停下来说：瞧，这就是真理！这种科学主义的向往，正如各式各样的总体论、乌托邦或本质主义一样，都只不过是人们的幻想，而且还是人们为之要付出惨重代价的幻想。它们都以一种盲目的武断，排斥了检验它们成败的可能性；它们自命掌握了事物的本质，其实事物本身根本就不存在他们所说的那样的本质。真正的科学认识，只能是在猜测与反驳、试与错、假说与证伪双方不断反复较量之中逐步前进。

可以承认科学理论里面往往包含有灵感或猜测的成分，但只是在一定的限度上。一旦出了有效性的限度之外，正确就会转化为谬误。波普尔那种"科学发展的逻辑"③的致命伤，在于他把科学理论、猜测与反驳绝对化了。这就导致他否认不同层次的概括化在科学认识中的地位和作用。同样，总体和部分也是相对的，相对于不同的层次；绝对意义上的总体或部分都只是空类；可是波普尔也把它们绝对化了。例如生物进化的规律，诚然它只是地球表面上的单一的历史事件，我们没有理由把它认为是普遍性的、适用于其他星球或全宇宙；然而就地球的范围而论，为什么就不能有它合理存在的地位呢？波普尔的理论，问题实在太多了；他那些僵硬的概念划分办法，常常不仅违反常识，而且难以

---

① 卡尔·波普尔：《猜测与反驳》纽约，1968年，到处可见。
② 参看希尔普编，前引著作，第3页以下各页。
③ 这是他另一本著作的名字。

令人（不同意他那前提的人）同意。对于一个历史家的著作，我们可以有时不同意他的理论观点，而同意他的某些论断；但是对于波普尔的史学理论，可以同意的论断似乎并不很多。

七

《开放社会及其敌人》一书是《历史主义贫困论》的姊妹篇，前书的第一卷就是后书第十节的发挥。① 《开放社会及其敌人》一经问世，几乎是轰动一时；西方思想界一些代表，对他能从思想方法论的角度深入历史哲学的领域探讨其中的根本理论问题，纷纷表示惊异和赞叹。但是待到最初的一阵轰动过去以后，人们便开始更客观、更冷静地评价他的理论。在半个世纪以后（该书初版于1943年）的今天，重阅这部书，任何一个不带偏见的读者都不难察觉，此书虽然貌似体大思精，然而许多论证却是对前人（尤其是对柏拉图、黑格尔和马克思）的断章取义并肆意渲染，用以回护或坐实他自己的观点和偏见；这是随便选择几段他的引文和解释与前人的原文相对勘就可以判明的。而他所论证的中心主旨也只有一个，即他的反历史主义的观点。

自20世纪二三十年代以来有一种流行的论点是：任何一门学科的主题和方法，都是被该学科的逻辑所规定的；波普尔也是由此出发而论证历史科学的。《历史主义贫困论》选择了两种当代的观点，《开放社会及其敌人》则选择了三位历史上的思想家，作为他批判的鹄的。《历史主义贫困论》所批判的两种观点是：（一）拥自然主义的观点。这种观点在方法论上的错误在于它认为历史科学

---

① 这两部互相补充的书，包括他的史学理论和历史哲学，同时也有对维根斯坦《逻辑哲学论》的某些批判，而这后一点往往被人忽略。参看希尔普编，前引著作，第1卷，第116—118页。

有一种普遍的演化规律。其实，演化过程并不是规律，而只是表明一种倾向。① （二）反自然主义的观点。这种观点认为自然科学的方法不能应用于社会与历史，因为社会与历史有其特殊的、不同于自然界的规律。针对以上两种观点，波普尔就提出：科学方法之作为方法是同样地既适用于自然，也适用于社会与历史，但仅以它涉及整体的某一或某些特殊的、个别的方面为限。社会科学、历史科学可以发现能够阐明人类某些方面行为结果的规律；但是就（作为一个单独的、唯一的）整体而论，却是没有规律的。所以社会或历史的进步，如上所述，就只能靠零碎工程学。

《开放社会及其敌人》（以下简称《开放》）所挑选来加以批判的三个历史上的思想家是柏拉图、黑格尔和马克思。其实，他在这里只不过是借用几个历史人物来反衬他自己的理论而已。他表态说，他选择这三个人并无意于贬低他们，而是由于"我的信念是：如果我们的文明要生存下去，我们就必须打破那种崇拜伟大人物的习惯"，"因为伟大的人物就会犯伟大的错误"。②他处理他们的办法是：撇开历史人物的具体历史背景和思想歧异，专就他个人论点与偏见的需要，从中抽出某些概念或思想模式，如所谓总体论、乌托邦或历史主义的论点等加以攻击。这似乎倒可以表明在他论证历史主义贫困论时，他自己历史思想的局限。

《开放》一书的主题是反历史主义，即否认我们能够发现那些我们可以据之以预言历史事件的进程的历史规律，换句话说，即否认（如历史主义所认为的）"人类历史上是有一个布局的；

---

① 尽管它在某些方面可以作为诸如优生学的规律的例证。
② 卡尔·波普尔：《开放社会及其敌人》，普林斯顿，1971年，第1卷，第6页。

如果能够成功地描述这个布局，我们就掌握了通向未来的钥匙"①。波普尔把历史主义称为历史的形而上学，指责它是徒劳无功的而且根据它所做出的预言还是有害的；② 因为历史的形而上学妨碍了零碎科学方法之运用于社会改革问题。③ 个别事物，作为整体的部分，可以重复并可以有规律；但整体作为独一无二的整体，则不能重复，不能比较，所以并没有规律。整体的规律只能是空想，根据空想进行革命的改造，只能妨碍社会真正的进步和改良。这就是他的基本论点。《开放》最后以"历史有意义吗"这个问题结束全书。那么，说到最后，究竟历史有意义吗？他的答复是："在通常的意义上，历史并没有意义"。④ 然而，"尽管历史并没有意义，我们却可以赋之以意义"⑤；因为"什么是我们的生活的目的，是要由我们自己决定的"⑥。所以结论就是："我们切不可自命为先知，而是必须成为自己命运的创造者。"⑦ 那意思是说：先知是预言者，而预言是要假定有不可变易的规律的，于是预言也就排除了人类有创造自己历史的可能性（因为自己的历史早已被规律所规定了）。以下我们准备用更通俗的语言来重新解释一下波普尔的反历史主义。

他好像是在质问历史主义者说：你不是要证明你所预言的社会的合理性吗？你那理想国不是最符合人民的要求和愿望的吗？若是果然如此，你就无权反过来强迫你的人民来适应你的理想

---

① 参看爱德华·博伊尔《卡尔·波普尔的开放社会》，载希尔普编，前引著作，第1卷，第847页。
② 参看卡尔·波普尔《开放社会及其敌人》，第1卷，第34页。
③ 同上书，第1卷，第3—4页。
④ 同上书，第2卷，第269页。
⑤ 参看卡尔·波普尔《开放社会及其敌人》，第2卷，第278页。
⑥ 同上。
⑦ 同上书，第2卷，第280页。

国。否则的话，那在逻辑上就是把车倒装在马的前面了。既然你要表明人民是拥护你的，你就不能反过来定义说，凡不拥护你的就不是人民。如果不拥护你的就不是人民，那么，这从定义上就排斥了有不拥护你的人民的存在的可能性；于是人民拥护你就成为一个在逻辑上永远也无法证伪的命题（即假命题）。然则，你又如何可能证明人民是拥护你的那理想国的呢？这是他的政治哲学；而且至此为止，在推论形式上看来并没有错误。但是，他继续质问历史主义者说：你不是强调历史的不可改变的客观规律吗？既然是客观规律，是不可改变的；它就不会受到人性自身变化的影响而改变它的行程；否则它就不成其为客观规律了。然而在历史发展的过程中，人性却从来就不是一个常数而是一个变数。人性的变化（包括思想、认识等），其本身就作用于而且影响着历史发展的进程。人性并不是流变不居的环境之中的一个常数项，而是它本身就以变数项的身份在参与着这场流变不居的发展过程。在流变不居的历史洪流中，就有着人性本身发展变化及其对历史过程的作用和影响。故而人性绝非希腊人所设想的某种"变中之不变"：即历史在变，但人性在其中却永远不变。波普尔论证说，这就是历史之所以没有规律、因而也不可能预言的原因。自然世界的变化是有规律的并可以预言的，因为其中没有变数项，物性是不变的。然而历史却不是的，因为其中有了人性这一变数项。

但他的这种说法显然也存在着两个漏洞：（一）人是自然的一部分，人这个变数项也要作用并影响于自然界的；如环境污染、生态平衡的破坏、核辐射等。（二）至少某些重大历史事变是完全可以预见的；如在战争爆发前夕，人们可以肯定地预言战争即将爆发；战争结束前夕，人们也可以肯定战争行将结束。1944年人们已普遍地预期着战争不久就要结束了，这只是我们经验中的常识。波普尔绝对化的论点，使得他对这种常识视而不见。

他的另一个重要的论点是：人性虽是一个变数，但并不存在所谓人的改造的问题。假如人能按照人的意志来加以改造，那就"必然破坏了科学的客观性，从而也就破坏了科学本身"①。人性既然不断在参与历史变化，而人性本身又不可能按照人的意志加以改造；于是它就成了历史过程中最无从捉摸、最难以把握的因素；但又正好是它，归根到底在左右着社会制度和历史面貌。所以历史是没有规律可循的；至于以往各派思辨历史哲学所大谈特谈的历史规律，在他看来都不是什么规律而只是倾向或趋势。② 倾向和趋势是有的，但规律却并不存在。不能把倾向或趋势认为是规律。

八

什么是"开放"？"开放"一词在他看来，就是"民主"的同义语，而封闭则是"极权"的同义语。他把自己表现为是拥护"民主"、反对"极权"的，宣称"现代极权主义只不过是终古以来反自由、反理性的一幕插曲而已"③。这种立场和态度虽然并无新义，却博得某些人（包括罗素在内）的好评。既然标榜自由和理性，所以他反对一切形式的思想上的专政；声称："对于心灵采取强制的任何企图，势必摧毁能够发现人民真正是在思想什么的最后可能性。"④ 因为，你既然规定了人们只能是

---

① 卡尔·波普尔：《历史主义贫困论》，第158页。
② 参看同上书，第41页以下各页；第105页以下各页。还可参看 W. 德雷（W. Dray）《历史哲学》，美国，恩格尔伍德－克利夫斯，1964年，第62页。
③ 卡尔·波普尔：《开放社会及其敌人》，第2卷，第60页。
④ 卡尔·波普尔：《历史主义贫困论》，第89页。

怎样思想和思想什么的时候，那么，你就不可能知道人们真正是在怎样思想和想些什么了。例如，人人都只能表现得以苦为乐的时候，你就不可能真正知道他们的苦与乐都是些什么了。这就引入了他的开放社会的理论中如下的核心部分。

柏拉图说："智者必须领导和专政，愚人必须紧跟。"① 波普尔评论这个论点说：问题是应该由谁来领导或专政？或者说，谁是智者？对这个问题，历来有不同的答案。卢梭的答案是"公意"，戈比诺（J. A. Gobineau，1816—1882）和法西斯的回答是"优秀种族"，马克思回答是"产业工人"，等等。这些，他认为都只是神话。真正的问题并不在于"谁是智者"，而在于"我们应该怎样组织统治体制，从而可以防止恶劣无能的统治造成过多的损害"②。或者，按照他的证伪逻辑，"应该由谁来统治"这个问题就应该被另一个更真实的问题所代替，即"怎样设计政治体制，才能把坏统治者的风险减少到最低的程度"，也就是"我们怎样才能驯服他们（坏统治者）"。③ 全部的政治智慧也可以归结到一点，即怎样选择领袖。波普尔本人是倾向于阿克顿（John E. Acton，1834—1902）的权力腐化论的论点的，他认为自从柏拉图④以来的思想家们在这一根本之点上都没有能成功。⑤

反极权主义的另一理论根据则是，统治权力的强化不利于思想自由，因而就不利于科学的和社会的进步；原因在于："政治权力的集中是和科学的进步互为补充的（此处指互相排斥的，

---

① 卡尔·波普尔：《开放社会及其敌人》，第1卷，第120页。
② 同上。
③ 卡尔·波普尔：《开放社会及其敌人》，第2卷，第133页。
④ 罗素说："他对柏拉图的攻击尽管是非正统的，但我认为是有道理的。" B. 马吉，前引著作，第91页。
⑤ 参看卡尔·波普尔《开放社会及其敌人》，第2卷，第136页。

即反面的补充——引者），因为科学的进步有赖于思想的自由竞争，所以也就有赖于思想自由，所以最终也就有赖于政治自由。"① 他又论证说："终于它（思想统治——引者）必定要毁灭知识，所获得的权力愈大，则所损失的知识也就愈多。"② 政治自由、历史进步、科学和思想的发展，都是同一件事的不同方面，而且是和极权统治不相容的。极权统治的思想理论必然要采取总体论的形式；而历史的进步却不能靠总体论而只能靠零碎社会工程学。③ 他的这一根本论点，我们上面已经谈过了。

20世纪70年代以来，西方对史学理论的探讨大致呈现为两派：一派以亨佩尔（Carl Hempel）和波普尔为代表，主张科学研究只有一种逻辑，它对自然科学和历史学是同样适用的；另一派则以丹图（A. Danto）和德雷（W. Dray）为代表，主张应该进行个体化的研究，不承认自然科学和历史有普遍的统一的逻辑。④ 但德雷认为波普尔是个实证主义者，⑤ 却未必完全妥当；波普尔虽与逻辑实证论有很深的渊源，但也有明显的分歧。在不承认历史有目的的这一点上，他倒是与列维-斯特劳斯有相通之处。究竟他属于哪一流派，并无关重要。他思想的实质在于：他以开放的社会为西方自由主义辩护，而以封闭的社会来描述极权政权，并把极权主义的指导理论认同于历史主义。这就是波普尔反历史主义的理论的政治含义。然而被他挑选出来作为历史主义

---

① 卡尔·波普尔《历史主义贫困论》，第90页。
② 同上。
③ 因为人类对历史的认识，决不可能以完整的总体为对象。参看同上书，第80页。
④ 参看 G. 伊格尔斯《德国的历史观念》，米德尔敦（康涅狄格州），1983年，第277页。
⑤ W. 德雷：《历史中的规律和解释》，牛津大学出版社1957年版，第2—3页。丹图则认为波普尔是"方法论上的个体主义"。A. 丹图：《分析历史哲学》，伦敦，剑桥大学出版社1968年版，第312页。

代表人的,从柏拉图到黑格尔到马克思等人的理论,曾经极大地丰富了人类思想和史学理论的宝库;相形之下,反历史主义的波普尔却没有能真正认识或有意无视他们理论的精粹所在。他确实也提出一套颇似严密的逻辑,但都是用来向开放社会的敌人论战,来证明开放社会的优越性。然而优越性归根到底却不是靠论战而是要靠事实来证明的。①

九

作为科学来说,自然科学与历史科学应该是有其同为科学的共同之处的,即有其统一性。但近代西方思想家对这个统一性的看法,往往失之偏颇,很少能采取一种健全而持平的态度。19世纪的实证主义者大多有见于齐(两者的一致性,并力图使历史学向自然科学看齐)而无见于畸(特别是历史学的特殊性);尔后的德国学派又反其道而行,有见于畸而无见于齐。波普尔则代表着当代把这两者打成一片的努力。假如说,哲学就在于一种哲学化的思维方式(philosophizing),那么,波普尔确实是在力图以一种统一的思维方式来贯穿自然研究和历史研究的。上面所评论的他的两部著作,就是他这种一以贯之的努力的见证。但是他同时也强调,自然研究与历史研究的统一性并不意味着同一性,其间仍然存在着一个实质性的区别:历史主义者虽断言其真理的客观性,然而他们所断言的那些真理的本身就影响到历史的行程,所以对于历史就并不是中立的,也不是纯客观的。它们并没有自然科学的那种客观性。

波普尔不同意逻辑实证论的语言分析的路数。他认为哲学思

---

① 例如,关于高度发达的物质水平是不是和民主(即开放的社会)分不开的这一论点。参看马吉,前引著作,第71页。

维并无所谓唯一无二的正确方法；语言分析——无论是对现实的语言，还是对人工设计的理想语言——可以有助于对具体问题的理解，但这绝非是通向真理的不二法门。哲学思维一定要和其他具体的学科结合在一起才有生命，否则它就势必蜕化为烦琐的经院哲学，成为一种孤立的空洞的抽象体系。应该说，波普尔的这一见解比分析学派高出一筹：哲学本来应该也是研究客观现实的（虽则是在另一个层次上），所以决不能把它归结为纯粹的语言学或语义学的问题。但是他却走向了另一个极端，而把哲学纳入了具体科学的轨道。具体科学获得知识是要靠试错法的，他把这种方法引用到对客观存在的整体考察，企图以此代替所谓总体论或历史主义或乌托邦。结果他就从另一个极端，也和分析派一样地取消了哲学的根本问题，包括历史哲学在内。哲学所要探讨的是作为整体的客观存在的根本问题，而波普尔和分析派可以说是殊途而同归，他们都不承认有这个问题。具体到历史学的领域，问题就是：人类的历史发展有没有客观规律？我们能不能够以及如何能够认识它？波普尔的答案对此是全盘否定的。某些分析派认为这个问题根本不是哲学问题，所以不予考虑；而波普尔则认为根本就不存在这些问题，并断言它们都是神话。这就比逻辑实证主义走得更远了一步。

波普尔的基本论点是，科学知识和理论只能是通过试错法，即通过猜测与反驳而前进的。就凭这一点，他认为就可以否定历史主义。毫无疑问，试错法、猜测与反驳是有效的方法；但同样毫无疑问的是，任何方法论都有一个有效性的范围，超出了那个领域就成为荒谬（例如万有引力是普遍存在的和普遍有效的，但你不能拿它来解决一切问题，比如说爱情问题）。波普尔方法论的错误在于他把一定范围内有效的方法，当成了包罗一切和包医百病的方法。逻辑实证论的重点在于反对形而上学；但在反对形而上学的借口之下，却把本来不是形而上学的许多东西也都当作形而上学反对掉了。波普尔的批判理性主义重点在于反对历史主义，他并不（至少并不全盘）反对形而上学；相反地，他还认为科学的发现须以纯思辨的形而上学为其前提。① 他历来对逻辑实证论的一些原则都是采取批判态度的，应该说他对形而上学的看法要比逻辑实证论者更合理一些。和逻辑实证论者不同，他认为哲学的主要任务是研究科学方法论的逻辑基础。他的路数是从方法论入手来打通自然科学与历史学，然而他的结论则是否定了两者可以一视同仁。

科学方法——例如生物进化论的方法——（一）可不可以引用到历史研究上来？（二）假如可以的话，它是不是唯一有效的方法？如果对于（一）的答复是否定的，则历史就没有进化（演化）规律可言；如果对于（一）的答复是肯定的但对于（二）的答复是否定的，则这种方法虽在一定条件之下有效，却还是不足以成为独一无二的方法。这里有一个（或若干）条件的限制。历史学和理论科学不同：前者是研究独一无二事件的因果关系，后者则研究许多相同事件的普遍规律。② 更具体地说，这一论点也可以表述为：发生学的描述方法对于历史学的理论化工作并不重要，乃至于并不需要。③ 例如，我们不能用有关婚姻的历史起源的描述——如初民社会是在昏夜抢劫妇女成亲的——来解说或论证婚姻制度的法理基础。它们是风马牛不相及的两回事，二者的对象和性质都不一样。

这样，波普尔就把普遍规律排除于历史之外；并且同时与此相关，又把因果机制也排除在历史学之外。因为历史是人类思想活动的产物，而思想活动并不是一种因果机制，从中是籀绎不出

---

① 参看卡尔·波普尔《科学发现的逻辑》，伦敦，1959年，第36页以下各页。
② 参看卡尔·波普尔《历史主义贫困论》，第144页。
③ 同上。

规律的。因此，历史就不能纳入历史主义的轨道。其实，他的这一理论的基本立足点就蕴涵着一句话：不是存在决定思想，而是思想决定存在；亦即说到最后，终究是思想才是历史的决定因素。这里需要澄清一下的是，波普尔所使用的是 law 这个字。这个字在中文里可以是"规律"，也可以是"定律"，还可以是"法律"。此字作为法律解，和自然规律意义上的规律一词，二者的含义是不同的。自然规律可以说是自然法，它有别于人为法。我们可以设想：自然界的事物是变化着的，而自然法（例如万有引力定律）却是亘古不变的。但是人为的法律（如宪法、婚姻法）却总是随着人类事物的不断变化而变化的。可以有万世不变的自然法，但没有万世不变的人为法。人为法既然总是要变的，则必定有要求改变它的那些思想和愿望为之前导。所以可以说，一切人为法从其一诞生之日起，就在开始朝着否定它本身的方向前进了。任何法律或制度的创立，并不意味着它本身的巩固，反而是意味着趋向于它自身的灭亡。这个思想是波普尔理论中所应有的推论。其实，这一论点早在一个世纪之前，缅因（Henry Maine，1822—1888）在他有名的《古代法》（1861）一书中就已经做过精辟的阐释。

在统一自然科学与历史学的努力上，波普尔有着一系列根本之点值得商榷。其中之一是他用以反对历史主义的认识论论据：即一切知识（直观或推论）都是抽象的，所以我们就"不可能把握社会现象本身的具体结构"[1]。另一个地方他又说："制度是构造出来用以解释某些被选择出来的个人之间的抽象关系的抽象模型"；[2] 因而我们所把握的就只能是抽象，而不能是具体。这种提法犯了绝对化地割裂抽象和具体的错误。在某种意义上，语

---

[1] 参看卡尔·波普尔《历史主义贫困论》，第78页。
[2] 同上书，第140页。

言所表示的确实只能是出之以概念的形式。但是这种抽象乃是对具体的抽象；反过来，我们所认识的具体也是以抽象语言形式所呈现的具体。二者是统一的；这就是我们认识的性质。这里不妨针对波普尔的提法反过来说：我们就正是以抽象的形式在"把握社会现象本身的具体结构"的，正如物理学家是以抽象的概念和公式在把握物理现象本身的结构一样。

自然科学方法对历史学的适用性的问题，是许多世纪以来聚讼纷纭的老问题了。波普尔以他自己独特的方式参与了这场理论问题的角逐。他那独特的方式是，他讲历史思想方法论是和自然科学方法论直接挂钩并放在一起加以考察的；然而他又并不把两者等同为一谈，而是得出了各有其独自的领域、目标和作业方式的结论。他既讨论各种各样的现代科学与哲学的理论和方法，又恣意论列柏拉图、黑格尔、马克思的历史主义思想方式——所有这些就为他的理论平添一道现代科学的色彩，显得与众不同，从而也给他本人渲染出一副特殊的神态。不走这种偏锋，他是不会享有他现在的名气的。他的贡献倒并不在于（像是有人所说的），他那批判的理性主义可以取代，或者确实取代了逻辑实证主义的地位。

十

在他的创新之中，有一个论点是应该提到的，那就是他的第三世界的理论。他所谓的第一世界是指客观的物质世界，第二世界是指主观的精神世界；这是传统的二分法，即客与主、物与心的对立。但波普尔别出心裁，以三分法代替二方法，① 于传统的世界两分之外，另拈出一个第三世界［按他的说法，应该叫作世界（3）］；它是人类各种理论、各种问题和各种文化成果（科

---

① 三分法在逻辑上似亦并非无据，因为两端之间总会有中间部分。

学、艺术等）的世界，它既不是第一世界，也不是第二世界。它虽是人类活动的结果，但又超于主观意识之外而独立存在，并且与主观意识相互作用着。① 这个第三世界的历史就是人类思想的历史，既不属于第一世界，也不属于第二世界。他认为介乎第一、第二两个世界之间，还应该有一种中间的、可以称之为思想内容或自在陈述的东西存在着，像科学理论、技术发明、艺术创作等。按照传统的看法，第一、第二世界的对立，其间关系我们可以设想为是主客相依、相融，也可以设想为主观作用于或体现于客观或是客观作用于或反映于主观；这样在逻辑上便无另行假设第三世界的必要。但按照波普尔的看法，第三世界决不是一个在理论上无用的赘疣，因为它是独立于第一、第二世界之外而存在的，而且历史是要依赖于这个第三世界的存在才能得到解释的。这一点关系到他之所以特标第三世界的政治学和历史学的作意。他的目的是要论证历史主义所宣扬的那种"合理的社会结构"乃是"不可能的"；② 因而零碎工程学就是不可避免的。

这就引向他的另一个基本论点，即政治权力的集中和人类的自由是互相排斥的、互不相容的。而自由和科学又是互为表里的；没有自由，也就没有科学。于是，科学和政治权力的集中，二者的关系也就是互不相容的，（亦即哥本哈根学派尼·波尔所谓的反面意义上的互补。）当科学本身可以起作用的时候，就不需要政治权力来干预；正如一架运转良好的机器应该是能够自行调节的那样。科学的进步是要靠思想的自由竞争，因而，归根到底也就要靠政治自由。波普尔的这一基本倾向突出地表现在他的反马克思主义的理论上。

---

① 参看 D. 卡尔和 W. 德雷编（D. Carr and W. Dray ed.）《历史哲学和今日的历史实践》，渥太华，1982年，第47—50页。
② 卡尔·波普尔：《历史主义贫困论》，第48页。

他承认马克思对资本主义早期阶段的分析,大体上是正确的、有道理的;但认为马克思的那个历史阶段今天已经成为过去;例如关于无产阶级贫困化的论断在当时是正确的,而今天则已过时。原因是马克思也不能脱离他自己的时代,"马克思的思想在许多方面都是他那个时代的产物"①。他认为马克思之所以错误,应该归咎于历史主义的思想方式。马克思是根据决定论而做出他对共产主义预言的。然而波普尔辩论说:"决定论并不是科学之能够做出预言的必要前提。因此,就不能说科学方法是在赞成严格的决定论的。科学不要这一(决定论的)假设,也可以是科学的";接着他又以一种似乎是在为马克思辩解的口吻说:"当然,并不能责怪马克思采取与此相反的观点,因为他那时最优秀的科学都是这样的。"② 所以这一点毋宁说是那个时代的、而非马克思本人的局限。然而,按照他的讲法,现代科学革命的变化以及相应的思想理论的变化,理所当然地已经改变了这种决定论的科学观和历史观。

在他反对马克思主义的时候,他把一些本来并不是马克思的东西都塞到马克思的名下,然后就借口反对这些东西来反对马克思。事实是,自从马克思以后一个多世纪以来,全世界不知道有多少种政治和历史理论都在打着马克思的旗号,然而,其中有许多理论和实践根本就和马克思本人与马克思主义毫无共同之处。绝不能把一切后来号称的马克思主义都挂到马克思的名下,要由马克思本人来负责。那样做是不符合事实的,也是不公正的。波普尔这样做,只能说不是出于无知,就是出于恶意了。一方面,他曾多次恭维马克思,称赞马克思"诚恳"、"开明"、"实事求

---

① 卡尔·波普尔《开放社会及其敌人》,第 2 卷,第 87 页。同一个地方他又说:"当时对法国革命那场历史大地震记忆犹新。"
② 同上书,第 2 卷,第 85 页。

是"、"绝不夸夸其谈",是"世界上反对虚伪与伪善的最有影响的斗士"①等;但另一方面,他又总是以共产主义和法西斯主义相提并论,作为是一对孪生兄弟,②把一切后来号称的马克思主义都算在马克思的账上。《历史主义贫困论》一书的献辞写道:"为了纪念各种信仰或各个国家或种族的无数男女,他们在历史定命的无情规律之下,沦为法西斯主义和共产主义的受难者。"③30年以后在他的自传中,他仍然坚持:历史主义既鼓励了马克思主义又鼓励了法西斯主义。④他自称他的反历史主义的这两部著作就是"反极权主义"的历史哲学,而马克思主义则是"极权主义在行动之中"。⑤但事实上是,假如有任何东西是和教条主义的总体论、神谕哲学的乌托邦或法西斯主义结合在一起的,那就绝不是什么马克思主义了;因为马克思主义的"辩证法不崇拜任何东西,按其本质来说,它是批判的、革命的"⑥。只有自封的马克思主义者或反马克思主义者才会以法西斯来冒充或篡改马克思主义。这本来是不言而喻的常识,波普尔却把黑格尔、马克思一起都划归为"神谕哲学",并把法西斯主义说成部分地乃是马克思主义破产的副产品。⑦同时,在另外的地方,他又把马克思主义和弗洛伊德的心理分析等量齐观,把它们一起列入伪科学。伪科学他也称之为神话;然而,他又并不全然反对伪科

---

① 卡尔·波普尔:《开放社会及其敌人》,第2卷,第82页。
② 参看同上书,第81页。
③ 卡尔·波普尔:《历史主义贫困论》,第9页。
④ 参看希尔普编,前引著作,第2卷,第113—114页。
⑤ 同上。
⑥ 《马克思恩格斯选集》第2卷,第218页。
⑦ 参看卡尔·波普尔《开放社会及其敌人》第2卷,第60页。马克思、恩格斯本人早已说明:"我们的历史观……并不是按照黑格尔学派的方式构造体系的方法。"《马克思恩格斯全集》第三十七卷,人民出版社1971年版,第432页。

学。这不但因为伪科学可以发展为科学，而且尤其因为人类知识的进步就是伪科学由于受到批判检验而转化成为科学的过程。

历史主义一词，在他看来，也就是神学史观的别名。法西斯主义和马克思主义二者据说都是在根据自己的史观（即他们所发现的历史发展规律）对历史做出预言，和中世纪的神学史观一样；只不过中世纪的神学史观寄希望于选民，法西斯代之以特选的种族，马克思主义代之以特选的阶级而已。① 马克思的历史观，他也叫作"经济的历史主义"或"经济主义"。② 他认为这种主义的错误在于"相信历史的预言乃是研究社会问题的科学方式"。③ 但他说事实却不是这样。马克思认为历史运动有着不以人的意志为转移的客观规律，而且"这个规律对于历史，同能量转化定律对于自然科学具有同样的意义"；同时这个规律又是可以检验的，马克思本人就曾"用（法兰西第二共和）这段历史检验了他的这个规律"。④ 这是马克思和波普尔的根本分歧所在；波普尔认为历史是随着人的认识而转移的，所以就没有客观规律，而且历史主义的乌托邦就是不可检验的。他批评马克思主义在实质上乃是社会伦理学（即社会说教）而非社会科学。⑤ 既然历史主义注定了和乌托邦的体系是两位一体，所以他就极力推出零碎工程学来取而代之，他断言资本主义的性质可以而且已经被零碎工程所改变。关于他的这一论述，这里可以指出两点：（1）他所指责的马克思，大多并不是马克思的本来面貌，而是后人（也包括波普尔本人）所强加给马克思的；（2）固然

---

① 参看同上书，第1卷，第9页。
② 同上书，第2卷，第101页。
③ 同上书，第2卷，第82页。
④ 《马克思恩格斯选集》第二十一卷，人民出版社1965年版，第291页。
⑤ 参看卡尔·波普尔《开放社会及其敌人》第2卷，第199页。

点滴改良也是社会进步所需要的,但对历史发展的整体理解却不是零碎的试错法所能为的。任何一种理论,就其必然带有普遍性和概括性而言,就总是带有总体论的性质,那是零碎方法所无法总结出来的。

十一

再回到对历史认识论的考察上来。波普尔的论断是:"总之,不可能有'像它所曾的确发生过的'那种过去的历史;只能有对历史的解释,而并没有一种对解释的最后定论;每一代人都有权构造他们自己的解释。"① 确实,每一代人都在重新解释历史;但这是不是就蕴涵着过去并没有它自身的历史呢?历史唯心主义(包括波普尔)的论点是:既然你永远不可能认识客观历史,所以肯定客观历史的存在就是没有意义的事。也就是,除了主观的理解而外,根本就不存在什么客观的历史。我们对历史所能认识的全部,就只是我们主观的理解。他的这一历史学的诘难和我们上面所提过的另一个政治学的诘难在思想方法上是一致的。那另一个诘难是说:社会主义本来是要建立一个能够更好地适合于人类的新社会,但是新社会一旦建立,倒反过来要改造人以适应新社会了。在这种情形下,假如新社会不能适应人的需要的话,人们就不能责难新社会,而只好责难自己没有改造好,以至于适应不了新社会。在他看来,"显然这就取消了检验新社会成功或失败的任何可能性"②,新社会的优越性就变成了某种不能证伪的东西,因之也就丧失了它有可能成为真理的资格。他似

---

① 参看卡尔·波普尔《开放社会及其敌人》第2卷,第268页。
② 卡尔·波普尔:《历史主义贫困论》,第70页。

乎对人的改造（或思想改造）怀有一种本能的恐惧。① 他认为改造人的工作乃是法西斯的工作，这个工作把问题颠倒过来了。（例如，希特勒打了败仗，那就被说成并不是元首的错误，而是整个德意志民族都不配实现伟大元首的伟大理想）。这一个诘难表面上看来似乎其言甚辩，其实它和第一个诘难一样，是把对立的两个方面绝对化了。主客体在认识过程中是统一的，个人和社会在历史发展中也是统一的。新秩序的建立，当然首要的目的是能更好地适合于人的需要；但同时人也有使自己适应于新秩序的一面。社会以及个人同时都在日新又新，这才是历史过程的真正内容。假设有一方（即使是非主导的一方）是绝对不变的，那就真正是形而上学了。

波普尔指责社会主义的另一个论据是：社会主义是一个新社会，新社会必然要产生新阶级，"新社会的新统治阶级是一种新贵族或新官僚"②。他认为一旦肯定了历史的必然性，就势必诉之于暴力；历史必然性和暴力二者是分不开的；③ 可以说暴力本身就孕育着新阶级。他还自命他已经证伪了马克思主义。这些都是缺乏事实根据的。迄今为止，号称可以证伪马克思主义的事例——例如这里所谓的新贵族、新官僚的诞生，可以承认确有其事——应该说都不是马克思主义而只是自封的马克思主义；因此，如果说证伪了的话，那就只是证伪了自封的马克思主义。问题是马克思主义并没有被证伪，也根本就谈不到已经被证伪。新贵族、新官僚并不是什么马克思主义的东西。波普尔把并非是马

---

① 参看卡尔·波普尔《历史主义贫困论》，第159页。
② 卡尔·波普尔：《开放社会及其敌人》第2卷，第138页。
③ 恩格斯："如果旧的东西足够理智，不加抵抗即行死亡，那就和平地代替；如果旧的东西抵抗这种必然性，那就通过暴力来代替。"《马克思恩格斯选集》第四卷，第212页。

克思的思想硬塞给了马克思；这一点某些西方的学者也曾加以指责。①

波普尔有时走到了这种地步，竟致把一切打着马克思主义旗号的理论和实践都简单地等同于马克思，于是得出了马克思主义是反民主的这一结论。其实，反民主的并不是马克思主义而正是反马克思主义或假马克思主义。他还针对着马克思的历史主义不承认思想的主观性可以影响历史规律的客观必然性，发了不少议论。这些议论只能表明他对当代马克思主义（以及打着马克思主义旗号）的各种理论与实践是何等之视而不见。这里是两个截然不同的问题：一个是马克思主义的理论是正确，还是错误？一个是打着马克思主义旗号的各种理论与实践，究竟是不是马克思主义？他把两个性质不同的问题混为一谈，张冠李戴，从而使他的证伪理论犯了不可原谅的逻辑谬误。

十二

一般的习惯总是把自然科学和历史学两者区分开来。应该说寻求一种统一的方法论来打通这二者，不失为一种值得尝试的努力。波普尔试图表明：（1）二者有统一的方法，（2）二者有统一的对象。那统一不仅是语言，而且是语言所指示的世界。他所探讨的范围虽广，其间却并非没有内在联系。他的方法论也并非全无合理的成分，对于前人也不失为有所突破或补充。但合理的因素被夸大到超出其有效性的范围之外，就转化为谬误。他的某

---

① 例如爱·卡尔就评论他说："波普尔以为历史主义的核心错误在于相信历史倾向或趋势可以从普遍的规律之中推导出来，而这一点正是马克思所否认的。"爱德华·卡尔：《历史是什么》，纽约，1961年，第82页。

些分析，在性质上本来是现象学的分析或概念的分析；他却把这些当成是论述客观历史实在的论据。① 他对形而上学的理解和态度也与流行的分析学派的看法不同，并有其独到之见。他认为没有形而上学的信仰，科学的发现就是不可能的事。分析他的理论中哪些是合理的成分，哪些是不合理的（以及政治上反动的）成分，还有赖于我国学术界做更进一步的研究。只有在吸取人类思想中一切合理的成分而又对一切不合理的成分进行批判的过程之中，才可望丰富和发展自己的正确的理论。不应该在正确承认一个人合理成分时，把他不合理的成分也全盘接受过来；也不应该在否定他的错误时，就拒绝他的合理因素。对具体论点进行具体分析，就包含着既不以言取人，也不因人废言。

在他反历史主义的理论中，要害问题是：历史发展何以不能预言。日常经验和常识告诉我们，有些历史发展是难以预言的，但有些则是完全可以的。即以他本人所经历的第二次世界大战而言，战争爆发前不是有很多人都在预言战争是无可避免的吗？他本人不就是因此远走新西兰的吗？有些历史发展的方向，不仅是经验中的事实，而且（可以预言说）对于未来也会是有效的。这些预言是有根据的，而且是准确的，是任何人都不好否认的。对此他的答案只能是很勉强地说：这是趋势，而趋势并不是规律；或者说，这只是历史解释，而历史解释并不是科学理论，我们尽管可以有历史的解释，但却"不可能有历史的规律"②。实际上，他的办法是把问题缩小到一点上：即知识的增长是没有客观规律的。问题虽然缩小了，但仍然给不出满意的答复。他真正的意图是要说：科学理论乃

---

① 维特根斯坦承认："现象学的分析是概念的分析，它既不赞同也不反对物理学。" L. 维特根斯坦：《色彩论》，伯克利，加州大学出版社 1977 年版，第 16 页。

② 卡尔·波普尔：《开放社会及其敌人》第 2 卷，第 264 页。

是人的意识的创造；有了客观规律才能够预言，而主观意识则是不能预言的。① 为什么主观意识或知识的增长就没有客观规律而且是不能预言的呢？他始终没有给出一自圆其说的论据，于是这个问题就成了他理论里的阿基里斯（Achilles）的足踵。在根本上，他是一个历史不可知论者，这种偏见引导他把规律和倾向绝对对立起来，也把决定论和自由绝对对立起来。好像要么就要自由，要么就接受决定论；二者是不相容的，所以是不可得而兼的。这也引导他认定极权主义和决定论是两位一体，政治上成为极权，理论上就必然成为决定论；反之亦然。这就使促他自觉地处处要反对决定论以维护自由。他毫无根据地把理性等同于自由，把暴力等同于极权；他自诩是一个理性主义者，并宣称理性的态度乃是取代暴力的唯一选择。② 这种对概念的抽象化大概只能走到甘地式的或托尔斯泰式的非暴力论的结论。这种结论又是他无论如何也说不出来的。所以爱·卡尔又批评他说：他一方面号称是在保卫理性，一方面却又以他的零碎工程学把理性缩减到非常可怜的地步。爱·卡尔还用了一个形象的比喻说：他派给理性的任务和地位，就好比英国政府里的文官，只能是听命于上级的政务官，波普尔的理性是完全听命于现行的社会秩序的。③

最后，在讲了那么多的历史与史学的理论之后，历史到底有意义吗？波普尔明确地回答说：历史没有意义。然而，历史虽然没有意义，但我们可以赋给它以意义。所以有人评论他说：在形而上学的意义上，他否定了历史的意义，但是又在实用主义或存在主义的意义上肯定了历史的意义。这是形而上学和实用主义两

---

① 这大概是指责弗洛伊德的心理分析是伪科学的真正原因所在。
② 卡尔·波普尔：《猜测与反驳》，第 18 章中到处可见。
③ 参看爱德华·卡尔，前引书，第 207 页。

者的结合。① 在这种意义上,他也有理由被人说成是一个"反形而上学的经验主义者"②。而在另一种意义上,他的贡献又恰好在于他对逻辑主义的思维方式补充了一种历史思考的因素。

至于他的反历史主义的理论,其中主要论点虽则大部分都是可疑的;但是假如一种理论的贡献并不单纯在于它所给出的答案,而且也在于它所提出的问题;那么,可以认为波普尔的理论仍不失为有其成绩。在他把历史思考的因素注入思想方法论时,他提供了一个新问题,即在史学理论中怎样运用证伪方法作为检验标准的这一问题,从而有助于人们进一步去探讨,并通过对他的批判而提高历史学的理论水平;尽管其中有着那么多不可原谅的疏漏(例如,他完全不提古典历史哲学的价值)和那么多无可弥补的缺陷(例如,他过分简单地把决定论绝对化了)。而他本人运用这种方法成功与否,则是另外的问题。

十三

克罗齐的史学理论可以概括为一句话,即"一切历史都是当代史";③ 那意思是说,一切历史都必须从当前出发,脱离了这个唯一的坐标系就无所谓历史。柯林武德的史学理论也可以概括为一句话,即"一切历史都是思想史";④ 那意思是说,历史之成其为历史就在于有其中的思想,抽掉了思想,历史就只不过剩下来一具躯壳。在另一个地方,柯林武德又阐释说:"每一个时代都在重新写历史;每一个人都是把自己的心灵注入历史研

---

① 参看汉斯·迈耶霍夫《我们时代的历史哲学》,美国加登城,1959 年,第 300 页。
② I. 伯林:《反潮流》,纽约,1982 年,第 37 页。
③ B. 克罗齐:《历史学的理论和实践》,纽约,1960 年,第 12 页。
④ R. G. 柯林武德:《历史的观念》,牛津,1962 年,第 215 页。

究,并从自己本人的和时代的特征观点去研究历史"。① 这种思潮反映了现代西方史学理论上的一场大换位,即把史学的立足点从客位上转移到主位上来。它标志着西方传统的朴素的自然主义历史学的根本动摇。在这一根本之点上,波普尔继承和发展了这种思潮的精神,即历史作为事件历程的本身,是根本就不存在的;或者说,自然主义意义上的那种客观的历史,是根本就不存在的。② 所以这种理论——即从根本上否认有所谓(兰克意义上的)客观如实的历史的理论——就被人称之为克罗齐－柯林武德－波普尔的史学理论(即关于史实的理论)。③ 这一史学理论中带根本性的问题,即历史学认识论的问题,从克罗齐开其端,经过柯林武德的发扬,到波普尔手中,现在已经成为西方史学理论中的显学。这已是一个不争的事实;一个史学理论的研究者,无论是赞同它还是反对它,大概总是无法回避它的。

毫无疑问,波普尔对于历史主义、对于史学理论,有许多看法都是成问题的,甚至于难以自圆。但他也还有另一个方面。如果说,科学家的真正成就并不在于发现了一种真理论,而在于发现了一种丰产的新观点的话,④ 那么,波普尔所提供的观点和方法之中的一些新因素还是值得加以研究和深入批判的。如果说,一种理论的价值就在于其答案的正确与否,那么,波普尔的理论大概可以说并没有多大价值。但如果说,一种理论的价值某种程度上也还在于它所提出的问题及其推理方式的创新性,那么,波普尔的理论似乎并非全无可取。前一种观点是判断思想内容的是非,后一种观点则是衡量推论方式的深浅。两者的关系并非是简

---

① R. G. 柯林武德:《历史哲学文集》,纽约,1966 年,第 138 页。
② 参看同上书,第 99 页。亦可参看卡尔·波普尔《开放社会及其敌人》第 2 卷,第 269 页。
③ D. 卡尔和 W. 德雷编,前引著作,第 313—314 页。
④ 参看 L. 维特根斯坦《文化和价值》,芝加哥,1980 年,第 18 页。

单的同一或一致。错误得很深刻,可能要比正确得很浮浅更有助于丰富人们对真理的认识。像维根斯坦所说的"一种新比喻可以清新智慧"①,一个新问题或一种新思想方法同样可以清新人们的智慧。对真理的认识过程,本来就是通过正反两个方面在不断深入而开展着的。或许,这就要求我们对波普尔的理论区别两个方面来看待:一方面,是他思想的内容实质,一方面,是他思想的推论方法。有些人的贡献在于其结论,另有一些人的贡献在于他所提出的问题和方法。虽然观点和方法总是密切相联系的,但又毕竟并不是同一回事。据说维根斯坦曾说过:"我所能给你的一切,就只是一种方法,我不能教给你任何新的真理。"② 意思是说,结论的真假是另一个问题,重要的是在于提供一种新的思想方法。似乎不妨说,波普尔的史学理论对当代的影响,主要的也是在这一方面。

至于那另外一方面,即他思想的内容实质那一方面,虽然也有人认为他的理论做出了两大贡献,一是历史学上的情况逻辑理论,二是他的进步的制度理论;③ 还有人认为他的理论一劳永逸地揭示了历史主义与科学经验二者之间互不相容;④ 但这类评价的正确性似乎是很可疑的。真正值得考虑和研究的,看来并不是他那些对政治和历史的表态,而是他的方法论所提出的新问题,即历史主义能否证伪,以及如何可能证伪。

1987 年 清华园

---

① L. 维特根斯坦:《文化和价值》,芝加哥,1980 年,第 11 页。
② K. I. 尼恩:《维特根斯坦的历史观念》,伯克利,加州大学出版社 1969 年版,第 109 页。
③ 参看希尔普,前引著作,第 2 卷,第 923 页。
④ I. 伯林:《历史的必然性》,伦敦牛津大学出版社 1954 年版,第 10—11 页。

译名对照表

abstract, abstraction　抽象，抽象作用
activism　行动主义
Acton, Lord　阿克顿
Adams, Henry　亚丹斯
adjustment　调节
Alexander The Great　亚力山大大帝
analogy　类比
anti-naturalism　反自然主义
a priori　先验的
atomism　原子论
Bacon, Francis　培根
Bellarmino, Cardinal　贝拉米诺
Berkeley, Bishop　贝克莱
Bernal, J. D.　贝尔纳
Bismarck, O. von　俾斯麦
Bohr, Niels　波尔
Bruno, Giordano　布鲁诺
Carnap, Rudolf　卡纳普
Cattell, R. B.　卡特尔
causality　因果性
centralization　集中，集中化
certainty　确定性
change　变化
civilizations　文明
classifications　分类
Cohen, M. R.　柯恩
collectivism　集体主义
competition　竞争
complexity　复杂性
compositive method　合成的方法
Comte, August　孔德
confirmation　确证
control　控制
corroboration　确认
corruption　腐化
credulity　可信性
criticism　批评、批判
crucial experiment　决定性的实验
Darwin, Charles　达尔文

demand analysis　需求分析
democracy　民主、民主制
Descartes, René　笛卡尔
Dreyfus, Alfred　德莱福斯
Duhem, Pierre　杜恒
eliminationism　取消主义
empiricism　经验主义
Engels, F.　恩格斯
Engineering　工程，工程学
essentialism　本质主义
evolution　进化
falsification　伪证
Fisher, H. A. L.　费雪
Florence, P. Sargant　佛罗伦斯
Foster, M. B.　福斯特
Frankel, O.　弗兰克尔
Friedrich, C. J.　弗里德里希
Frisch, Ragnar　弗里希
functionalism　功能主义
Galileo Galilei　伽里略
Galton, F.　高尔顿
generalizations　概括化
gestalt　格式塔（完形）
Ginsberg, M.　金斯堡
Gomperz, H.　龚培尔茨
Haldane, J. B. S.　海尔丹
Halley, Edmund　哈雷

Hayek, F. A. von　哈耶克
Hegel, G. W. F.　黑格尔
Hempel, C. G.　亨佩尔
Henry Ⅷ　亨利八世
Heraclitus　赫拉克里特
Hesiod　赫西俄德
historical determination　历史决定论
historicism　历史主义
holism　整体主义
Hume, David　休谟
Husserl, Edmund　胡塞尔
Hutt, W. H.　赫特
Huxley, Julian　朱·赫胥黎
Huxley, T. H.　汤·赫胥黎
hypothesis　假说
individualism　个人主义
inductivism　归纳主义
interventionism　干涉主义
iutuition　直觉
Kant, I.　康德
Kepler, Johannes　开普勒
Kraft, V.　克拉夫特
Kutuzov, M. I.　库图佐夫
laws　规律
liberalism　自由主义
Lippmann, W.　李普曼
Luther, Martin　马丁·路德

Machiavelli, Niccolo 马基雅维里	progressivism 进步主义
Malinowski, B. 马林诺夫斯基	pro-naturalism 拥自然主义
Mannheim, K. 曼海姆	psychologism 心理主义
Marschak, J. 马尔夏克	Pythagoras 毕达哥拉斯
Marx, Karl 马克思	Raven, Charles E. 拉文
Menger, Carl 门格尔	Robbins, Lionel 罗宾斯
metaphor 隐喻	Robinson Crusoe 鲁宾逊
Mill, J. S. 穆勒	Russell, Bertrand 罗素
models 模型	Schmitt, C. 史密特
modernism 现代主义	scientism 唯科学主义
mysticism 神秘主义	social contract 社会契约
Napoleon 拿破仑	Socrates 苏格拉底
Neurath, O. 牛拉特	Spenger, H. 斯宾格勒
Newton, Isaac 牛顿	Spencer 斯宾赛
nominalism 唯名论	Spinoza, B. de 斯宾诺莎
novelty 新颖性	Stalin, Joseph 斯大林
Oedipus effect 俄狄浦斯效应	Stephen, K. 斯蒂芬
Open Society 《开放社会》	Tarski, Alfred 塔尔斯基
optimism 乐观主义	Tawney, R. H. 陶内
Pasteur, Louis 巴斯德	testability 可验证性
Pauli, W. 泡利	Tinbergen, J. 廷贝根
perfectionism 完美主义	Tolstoy, L. N. 托尔斯泰
pessimism 悲观主义	Toynbee, A. 汤因比
philosopher-king 哲人王	trial and error 试错法
Plato 柏拉图	Troeltsch, E. 特罗什
Poincaré, Henri 彭加勒	universals 共相
Polanyi M. 波朗依	utilitarianism 功利主义

Utopia 乌托邦	Weber, Max 马克斯·韦伯
Utopianism 空想主义	White, M. G. 怀特
Veblen, Thorstein 凡勃伦	Wundt, W. M. 冯特
Vico, Giambattista 维科	zero method 零点方法
Waddington, C. H. 魏丁顿	Zweig, F. 兹维格
Webb, Sidney and Beatrix 韦伯夫妇	